棒針で編む帽子、ミトン、巻きもの、ソックス

風工房

風工房のニット小物

主婦と生活社

Contents

A

ノルディック模様の
ハンドウォーマー

P.4

B

ノルディック模様の
ミトン

P.5

C

 a  b

交差模様の帽子

P.6

H

イギリスゴム編みの
帽子

P.13

I

ヘリンボーン模様の
ソックス

P.14

J

レース模様の
三角ショール

P.16

K

フェアアイル模様の
ハンドウォーマー

P.18

O

a   b

アーガイル模様のネックウォーマー

P.24

P

ハニカム模様の
ミトン

P.26

Q

ジグザグ模様の
スヌード

P.27

D

ノルディック模様の
ベレー帽

P.8

E

バスケット模様の
アームウォーマー

P.10

F

アラン模様の
帽子

P.11

G

千鳥格子の
ネックウォーマー

P.12

L

フェアアイル模様の
帽子

P.19

M

木いちご模様の
スヌード

P.20

N

a

b

ノルディック模様のミトン

P.22

R

レース模様の
ソックス

P.28

S

ねじりゴム編みの
ソックス

P.29

A

ノルディック模様の
ハンドウォーマー

ノルディック模様を正統派の生成り×黒で編んだハンドウォーマー。模様がくっきりと浮かび上がります。

使用糸：パピー ブリティッシュファイン　How to make：P.34

B

ノルディック模様のミトン

Aと同じノルディック模様ですが、多色で編むことでフェアアイル模様にもなります。甲の特徴的な模様は雄羊の角。

使用糸：パピー ブリティッシュファイン　How to make：P.30

a

C

交差模様の帽子

模様が斜めに走る編み地は、左上交差を効果的に配したデザイン。**a**は折り返し部分を2目ゴム編みにしています。

使用糸：パピー シェットランド　How to make：P.36

b

D

ノルディック模様の
ベレー帽

サイドはもちろん、トップも印象的なベレー帽。やや小ぶりなシルエットの、かぶりやすいサイズ感です。

使用糸：DARUMA シェットランドウール　How to make：P.38

E

バスケット模様の
アームウォーマー

模様に立体感があるのは、コシのある少し太めの英国毛糸だからこそ。アクセントになるカラーも素敵です。

使用糸：DARUMA チェビオットウール　How to make：P.40

F

アラン模様の帽子

肌ざわりのいい糸で編んだアラン模様の帽子。折り返しにもきれいに模様が出るようにデザインしています。

使用糸：パピー モナルカ　How to make：P.42

G

千鳥格子のネックウォーマー

トラッドな柄で、ユニセックスで活躍しそう。縁はゴム編みをダブルにしているので伸縮性が高く、着脱もスムーズ。

使用糸：パピー モナルカ　　How to make：P.33

H

イギリスゴム編みの帽子

地厚であたたかなのがイギリスゴム編みの特徴。トップまでラインが通るように目を減らし、美しく仕上げました。

使用糸：パピー フォルトゥーナ　How to make：P.44

I

ヘリンボーン模様のソックス

2配色の編み込み模様の黒を効かせた、おしゃれ度満点のソックス。かかとは別糸を使った簡単テクニックです。

使用糸：ハマナカ コロポックル　How to make：P.58

J

レース模様の
三角ショール

後ろネックから編み始め、4カ所で目を増しながら形作る三角ショール。縁編みも編みながら本体につけていきます。

使用糸：ハマナカ ソノモノ ロイヤルアルパカ　How to make：P.49

K

フェアアイル模様の
ハンドウォーマー

初心者さんでも編みやすい太さの糸を使用。多色ですが、模様もくり返しで、段を重ねるごとにスムーズに編めます。

使用糸：リッチモア パーセント　How to make：P.52

L

フェアアイル模様の 帽子

総柄の帽子は、大小の模様を組み合わせて。トップへと徐々に小さくすることで、模様を崩さず目が減らせる効果も。

使用糸：パピー ブリティッシュファイン　How to make：P.54

M

木いちご模様の
スヌード

キュートな名の通り、木の実を表現した立体的な模様。3目一度の減らし目と3目の増し目を交互にくり返します。

使用糸：ハマナカ アメリー　How to make：P.56

a

N

ノルディック模様のミトン

伝統模様を **a** はモダン、**b** はトラッドな色合いで。甲と手のひらは同じ模様で、手首には植物柄をあしらいました。

使用糸：DARUMA シェットランドウール　How to make：P.60

b

a

O
アーガイル模様の
ネックウォーマー

大きさの異なるアーガイルを、リズミカルに配したネックウォーマーの色違い。内側は模様編みのダブル仕立てです。

使用糸：リッチモア パーセント　How to make：P.62

b

P

ハニカム模様のミトン

ハニカムは〝蜂の巣〟のこと。その模様が指先まで行き渡るようデザインしました。親指はまちつきではめ心地も◎。

使用糸：リッチモア スペクトルモデム　How to make：P.46

Q

ジグザグ模様の
スヌード

2色の編み込みのように見えて、実はすべり目で編んでいくスヌード。編むときは1段ごと1色ずつで編んでいきます。

使用糸：DMC WATG FEELING GOOD YARN　How to make：P.66

R

レース模様のソックス

レース模様のソックスは、甘くなりすぎないようネイビーを選んで。かかとは別糸を編み入れる方法だから簡単です。

使用糸：ハマナカ コロポックル　How to make：P.64

S

ねじりゴム編みのソックス

つま先から編んでいくデザインのソックス。模様をねじり目で編むことで編み目が引き締まり、ラインが浮き立ちます。

使用糸：DARUMA スーパーウォッシュメリノ　　How to make：P.67

●材料と用具
糸…パピー　ブリティッシュファイン（25g巻）
　　　ベージュ（021）を20g、
　　　薄茶（040）・ブルー（062）・赤紫（004）・青紫（027）・茶色（037）・紫（053）を各5g、
　　　グリーン（055）・水色（064）を各3g、
　　　黄緑色（028）・ピンク（068）を各少々
針…1号4本棒針または80cm輪針（マジックループ用）
その他…別糸（休み目用）、とじ針

●ゲージ（10cm四方）　編み込み模様 36目36段　模様編み縞 36目39段
●でき上がり寸法　手のひら回り19cm　たけ26.5cm

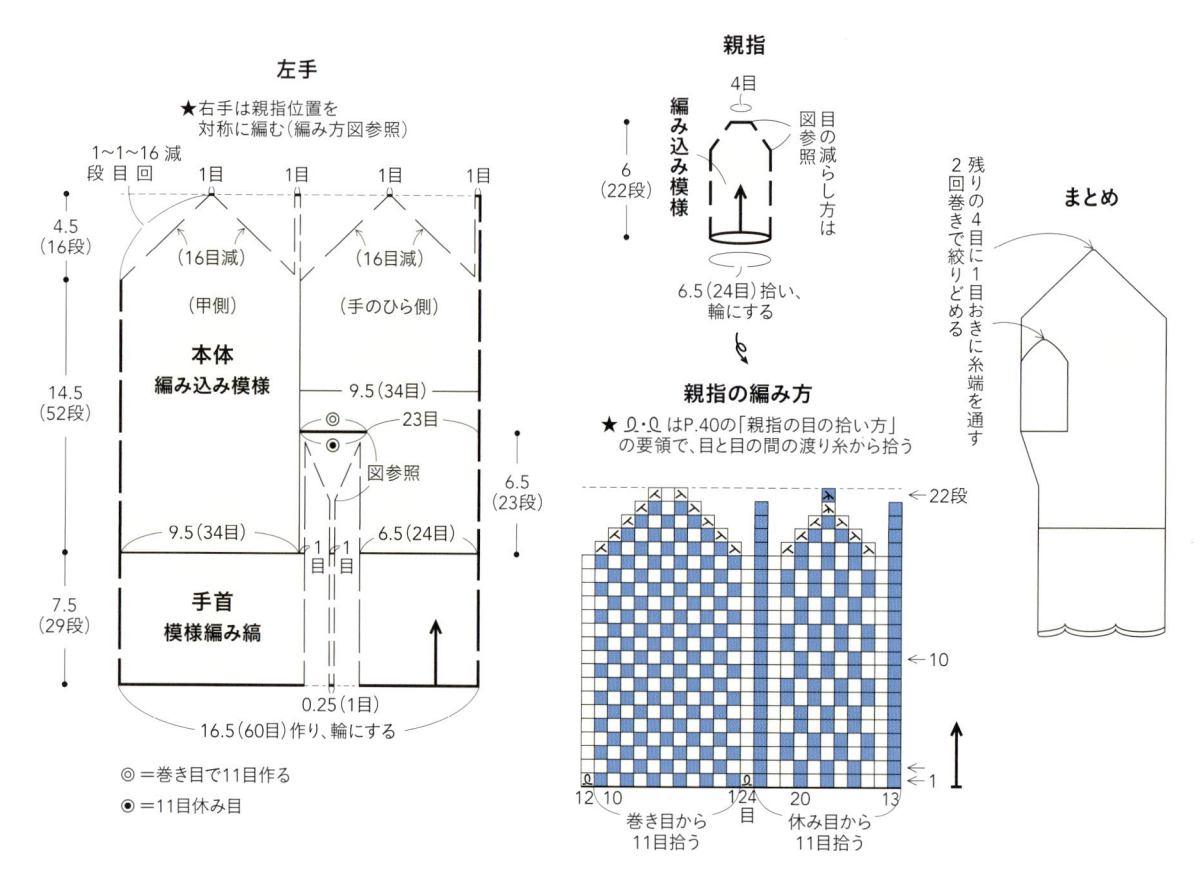

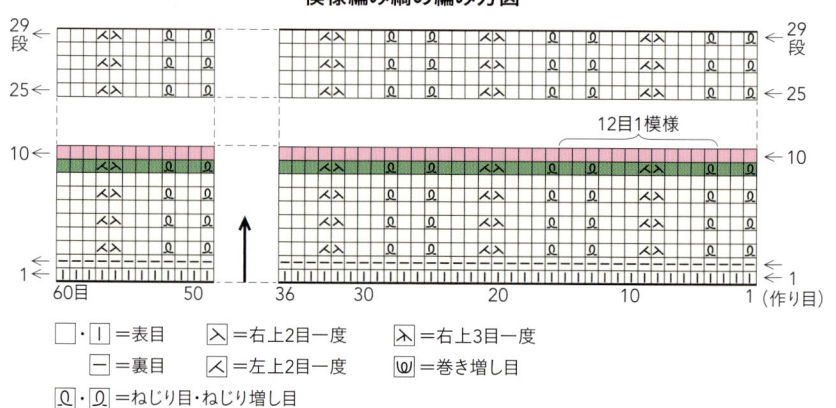

模様編み縞の配色

ベージュ	6段
グリーン	1段
赤紫	1段
ベージュ	2段
茶色	2段
ブルー	1段
ベージュ	1段
ブルー	1段
茶色	2段
ベージュ	2段
赤紫	1段
グリーン	1段
ベージュ	8段

模様編み縞の編み方図

□・｜ ＝表目　　人＝右上2目一度　　⋏＝右上3目一度
－＝裏目　　　　⋏＝左上2目一度　　Ｏ＝巻き増し目
Ｑ・Ｑ＝ねじり目・ねじり増し目

●**編み方** 糸は1本どりで、編み込み模様は裏側に糸を渡す編み込みの方法で編みます。

1 本体は一般的な作り目で60目作って輪にし、模様編みの縞で増減なく29段編みます。

2 編み込み模様にかえ、図のように親指の位置で目を増しながら23段編みます。24段めは親指分の11目を休め、続けて指定の色で巻き目をして11目作ります。25段めでは前段の巻き目からも目を拾い、手のひら側・甲側ともに34目で図のように増減なく52段めまで編みます。

3 次の1段から目を減らして編み、編み終わりは残りの目に糸端を通して絞りどめます。

4 親指位置から24目拾い、編み込み模様で図のように目を減らしながら22段編み、編み終わりは残りの目に糸端を通して絞りどめます。

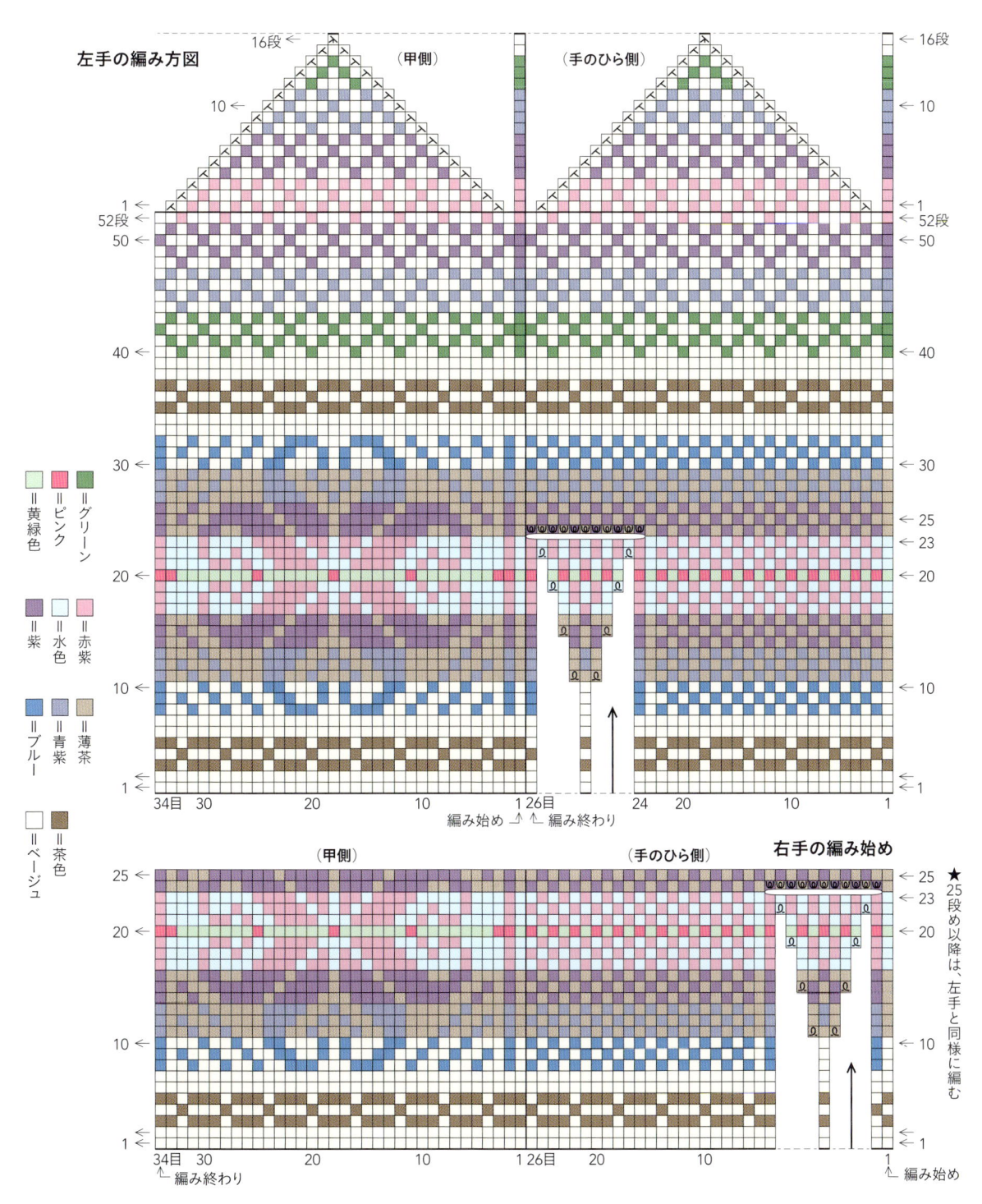

31

●輪針を使ったマジックループの編み方

※わかりやすくするため、糸と色をかえて解説しています。

目数の少ない輪編みも、輪針で編める方法です。
輪針の長さは、この本の作品の場合は80cm輪針で編めます。コードは柔らかいものを選びましょう。

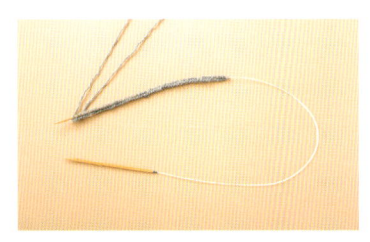

1 一般的な作り目で、指定の目数（写真は60目）を作ります。

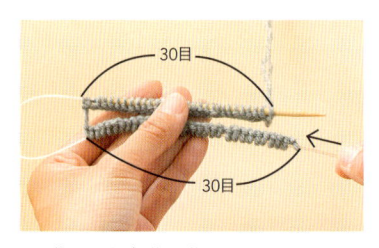

2 作り目を半分に分け、その目と目の間にコードを出します。
※目がねじれないように気をつける。

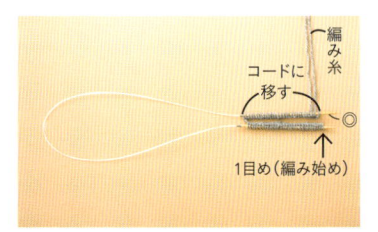

3 コードを出したところ。続けて、編み糸側の30目をコードに移します。

4 3の写真を参照し、◎の針を1目めに入れて表目を編みます。

5 1目めが編めたところ（輪になる）。同様にして30目めまで編みます。

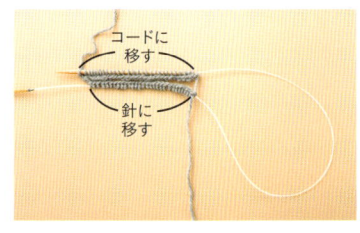

6 これから編む残りの30目を針に、5で編めた30目をコードにそれぞれ移します。

7 4・5の要領で、残りの30目も編みます。

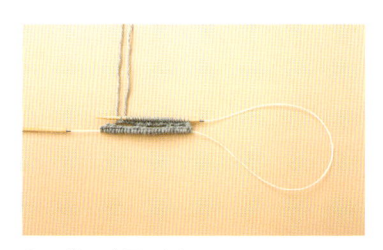

8 1段めが編めたところ。

9 3〜8をくり返して指定の段数を編みます。

●本体親指位置と親指の編み方

巻き目の作り目

1 指定の色で交互に巻き増し目をし、目を作ります。このとき、編み込み模様の地糸・配色糸と同じ流れで糸を上下に渡します。

2 巻き増し目で作り目をしたら、左針の目に続けます。

目の拾い方

1 巻き目側から拾います。巻き目1目ずつに針を入れ、指定の目数を拾います。

2 端は目と目の間の渡り糸に向こう側から針を入れ、表目の要領で編みます（ねじり目）。続けて休み目を針に戻して編んだら、もう一方の端も同様に渡り糸を拾い、ねじり目で編みます。

3 目数の少ない親指も、マジックループの編み方で最終段まで編めます。

●材料と用具
糸…パピー　モナルカ（50g巻）
　　　　紺（906）を50g、ベージュ（902）を30g
針…8号・6号4本棒針または80cm輪針
　　（マジックループ用）
その他…別糸（作り目用）、別針（拾い目用）、
　　　　とじ針

●ゲージ（10cm四方）
　編み込み模様 21.5目25段
●でき上がり寸法
　周囲56cm　たけ15cm

●編み方
糸は1本どり。編み込み模様は裏側に糸を渡す編み込みの方法で編みますが、模様をはっきりと出すため、ベージュの糸を下に渡して編みます。

1　別糸の作り目で120目作って輪にし、1目ゴム編みで増減なく7段編みます。
2　次に編み込み模様にかえて1段めを編みますが、作り目の別糸をほどいて目を拾い、1日ゴム編みの7段めの目と2目一緒に編んでダブルにします。
3　編み込み模様を増減なく30段編んだら、再び1目ゴム編みで編んで休み目にします。
4　編み終わりは、編み込み模様の最終段に裏メリヤスはぎをしてダブルにします。

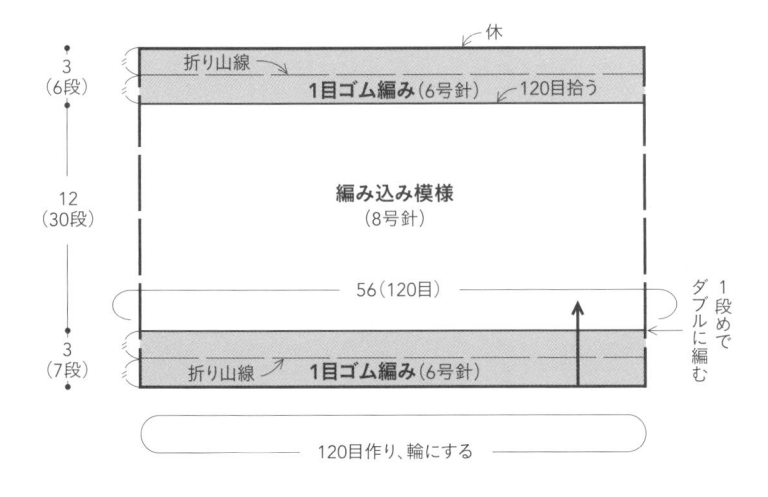

まとめ

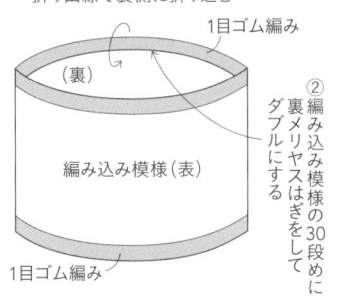

①編み終わり側の1目ゴム編みを折り山線で裏側に折り込む
②編み込み模様の30段めに裏メリヤスはぎをしてダブルにする

編み方図

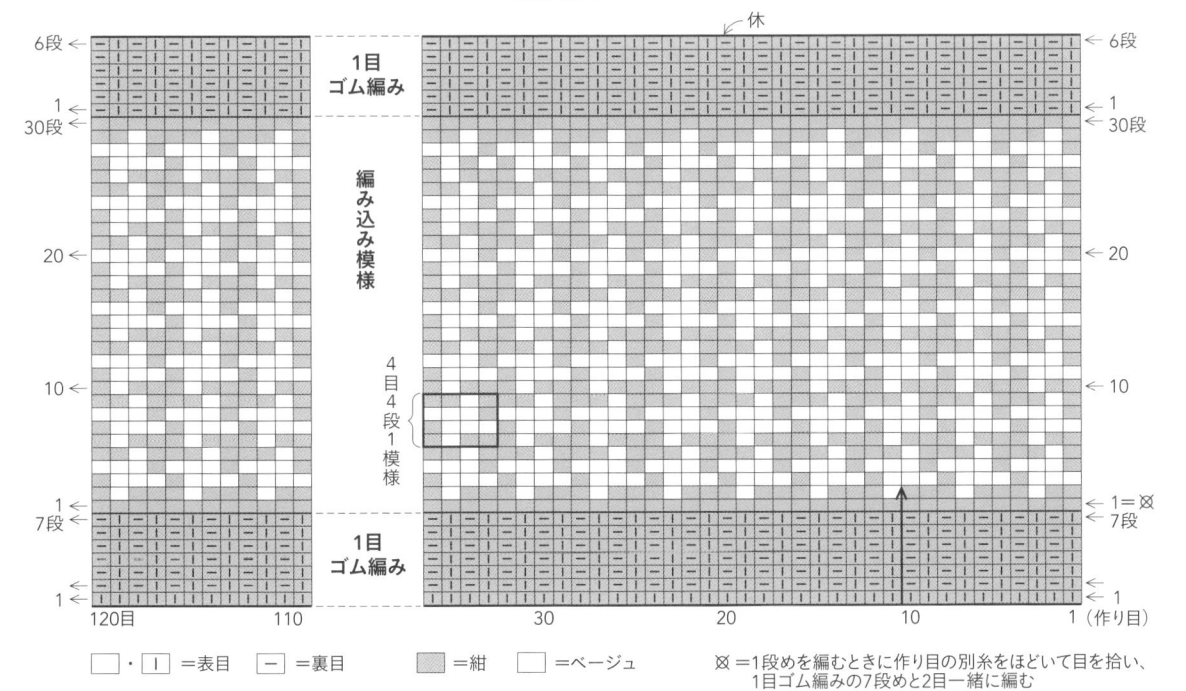

□・Ｉ =表目　　― =裏目　　▨ =紺　　□ =ベージュ

▨ =1段めを編むときに作り目の別糸をほどいて目を拾い、
　1目ゴム編みの7段めと2目一緒に編む

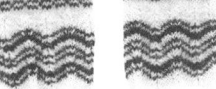

●材料と用具
糸…パピー　ブリティッシュファイン（25g 巻）
　　生成り（001）を25g、黒（008）を15g
針…1号4本棒針または80cm輪針（マジックループ用）
その他…別糸（休み目用）、とじ針

●ゲージ（10cm四方）　編み込み模様 36目36段　模様編み縞 36目39段
●でき上がり寸法　手のひら回り19cm　たけ20cm

左手

★右手は親指位置を
対称に編む（編み方図参照）

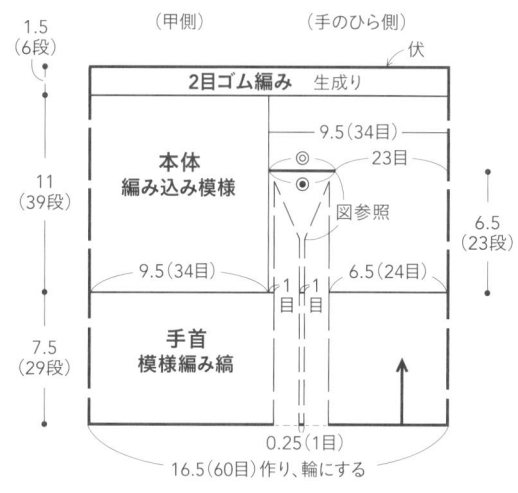

◎＝巻き目で11目作る
◉＝11目休み目

親指

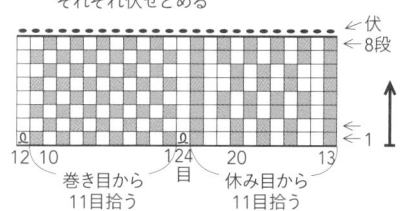

6.5（24目）拾い、
輪にする

親指の編み方

★編み終わりは前段の目と同じ色で
それぞれ伏せどめる

巻き目から
11目拾う

休み目から
11目拾う

※ Ω・Ω はP.40の「親指の目の拾い方」
の要領で、目と目の間の渡り糸から拾う

模様編み縞の配色

生成り	6段
黒	1段
生成り	1段
黒	2段
生成り	2段
黒	1段
生成り	1段
黒	1段
生成り	2段
黒	2段
生成り	1段
黒	1段
生成り	8段

模様編み縞の編み方図

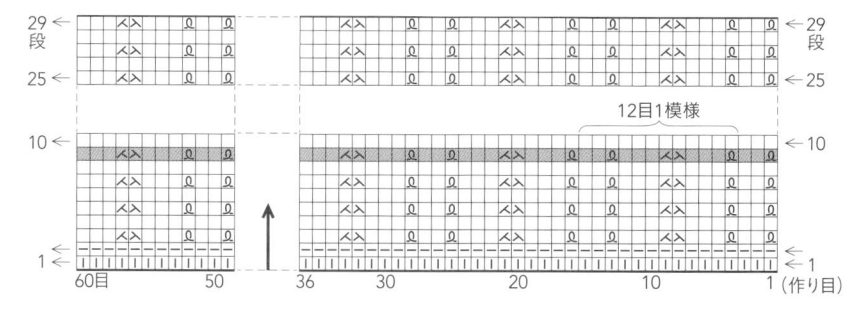

□・Ｉ＝表目　　　入＝右上2目一度　　　Ω＝巻き増し目
－＝裏目　　　人＝左上2目一度　　　●＝伏せ目
Ω・Ω＝ねじり目・ねじり増し目

●編み方 糸は1本どりで、編み込み模様は裏側に糸を渡す編み込みの方法で編みます。

1 本体は一般的な作り目で60目作って輪にし、模様編みの縞で増減なく29段編みます。

2 次に編み込み模様にかえ、図のように親指の位置で目を増しながら23段編みます。24段めは親指分の11目を休め、続けて指定の色で巻き目をして11目作ります。25段めでは前段の巻き目からも目を拾い、手のひら側・甲側ともに34目で図のように増減なく39段めまで編みます。

3 次に2目ゴム編みにかえて増減なく6段編み、編み終わりは伏せどめます。

4 親指位置から24目拾い、編み込み模様で図のように増減なく8段編みます。編み終わりは前段と同じ色でそれぞれ伏せどめます。

左手の編み方図
★編み終わりは前段と同じ目を編みながら伏せどめる

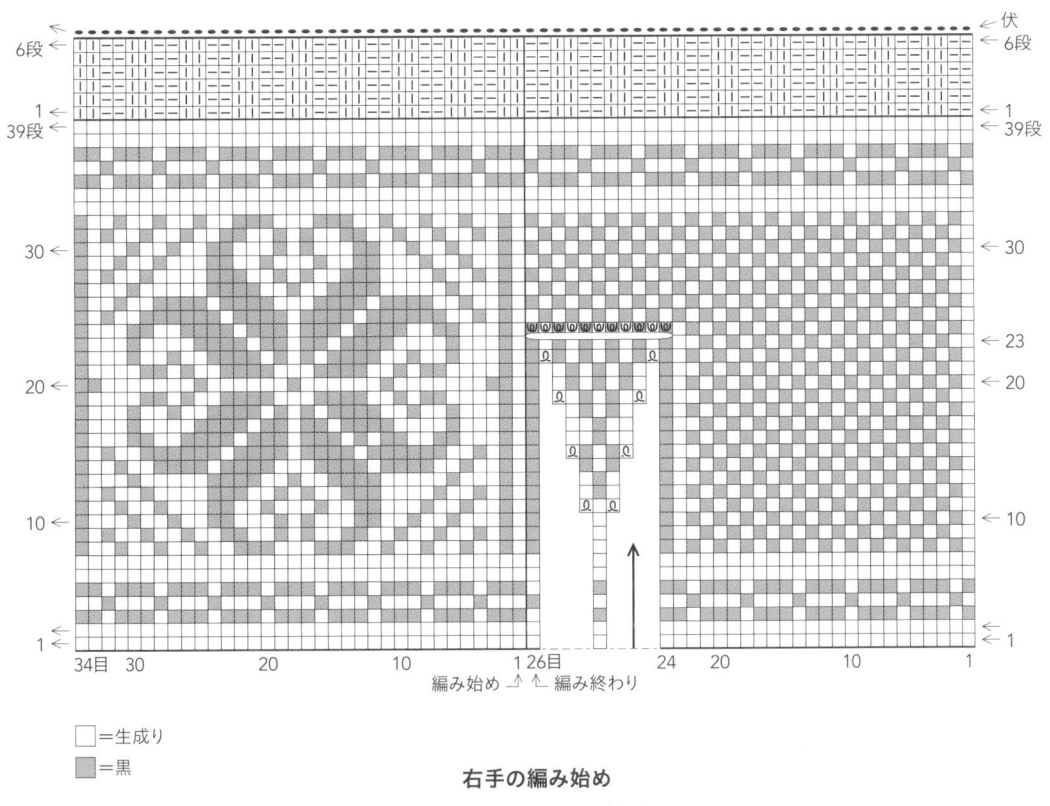

☐＝生成り
▨＝黒

右手の編み始め
★25段め以降は、左手と同様に編む

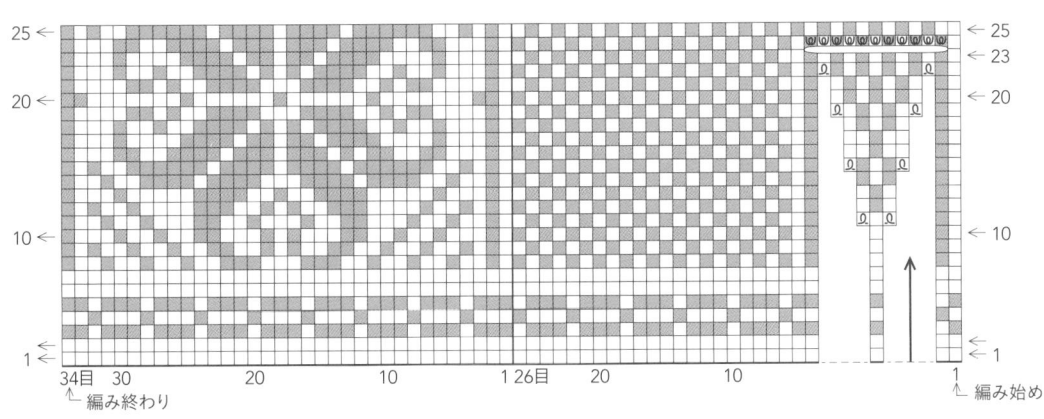

a

b

●材料と用具

糸…パピー　シェットランド（40g巻）
　　a　ベージュ（7）を90g
　　b　ロイヤルブルー（17）を90g
針…a　4号・6号4本棒針または80cm輪針
　　　（マジックループ用）
　　b　6号4本棒針または80cm輪針
　　　（マジックループ用）

その他…なわ編み針、とじ針

●ゲージ（10cm四方）　模様編み　24目32段
●でき上がり寸法
　　a　頭回り約50cm　深さ約20cm
　　b　頭回り50cm　深さ約22cm

●編み方
糸は1本どりで、aは指定の針で編みます。

1　a　ケーブルキャストオンの作り目で120
　　　目作って輪にし、2目ゴム編みで増
　　　減なく26段編みます。次に模様編
　　　みにかえ、増減なく46段、図のよう
　　　に目を減らしながら15段編みます。

　　b　ケーブルキャストオンの作り目で120
　　　目作って輪にし、模様編みで増減な
　　　く79段、図のように目を減らしなが
　　　ら15段編みます。

2　a、bともに、編み終わりは残りの目に糸
　　端を通して絞りどめます。

a

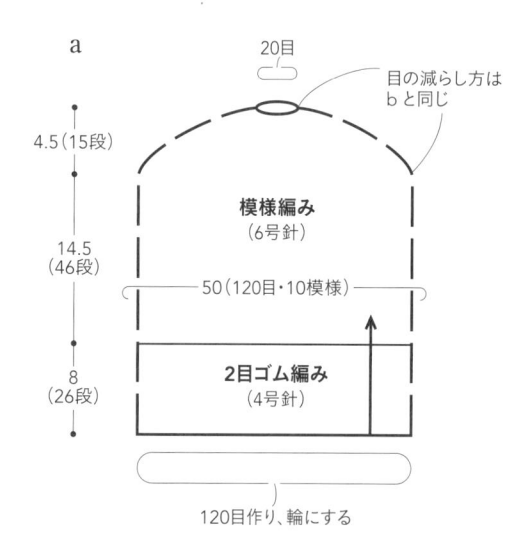

20目

目の減らし方は
bと同じ

4.5（15段）

模様編み
（6号針）

50（120目・10模様）

14.5
（46段）

8
（26段）

2目ゴム編み
（4号針）

120目作り、輪にする

a　2目ゴム編みの編み方図

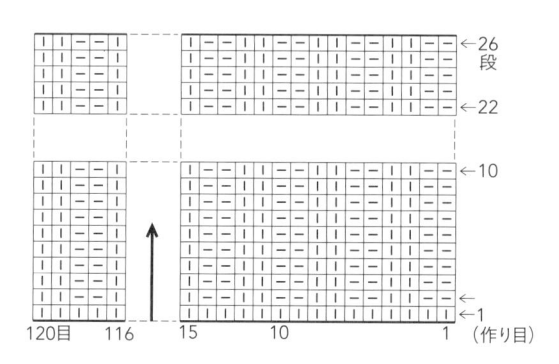

26
段

22

10

1

120目　　116　　15　　10　　1　（作り目）

a・b まとめ

残った20目に
1目おきに糸端を通す
2回巻きで絞りどめる

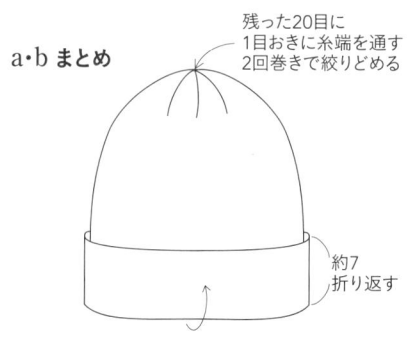

約7
折り返す

b

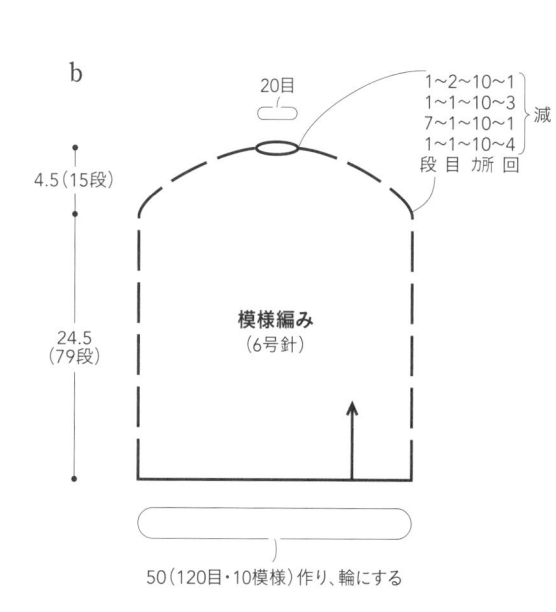

20目

4.5（15段）

1〜2〜10〜1
1〜1〜10〜3
7〜1〜10〜1　減
1〜1〜10〜4
段 目 か所 回

模様編み
（6号針）

24.5
（79段）

50（120目・10模様）作り、輪にする

| | =表目　　　　　□・ | − | =裏目

| ／人 | =左上2目一度　　　| 人＼ | =左上2目一度（裏目）

=左上2目交差

=左上2目・右下裏2目交差

=左上2目・右下左上2目一度交差

=左上2目・右下裏左上2目一度交差

模様編みの編み方図

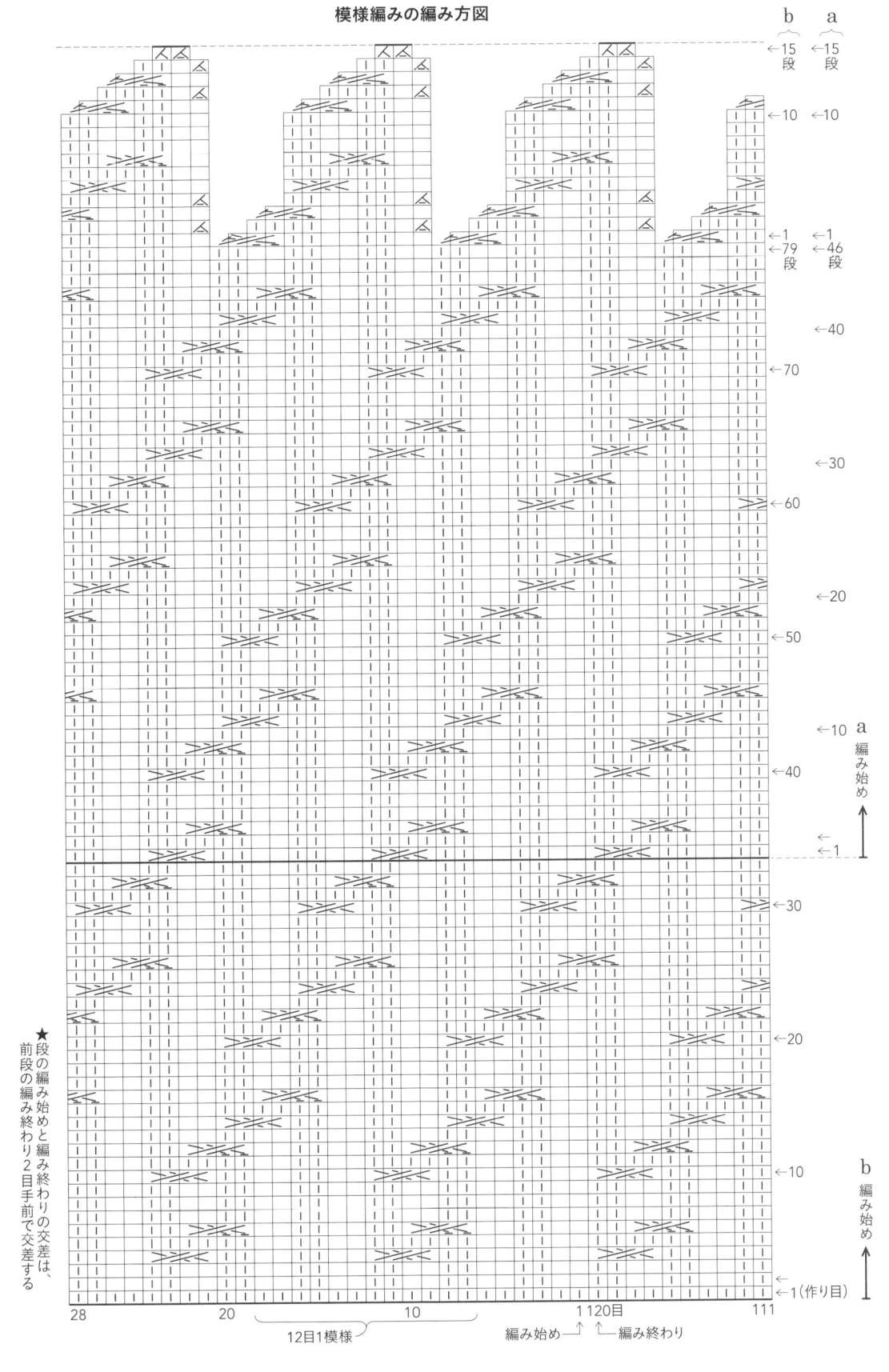

★段の編み始めと編み終わりの交差は、前段の編み終わり2目手前で交差する

12目1模様

編み始め　編み終わり

●材料と用具
糸…DARUMA　シェットランドウール（50g巻）
　　フォレストグリーン（12）を45g、
　　オートミール（2）を15g
針…2号・4号4本棒針または80cm輪針
　（マジックループ用）
その他…とじ針

●ゲージ（10cm四方）
　編み込み模様 24目29段
●でき上がり寸法
　頭回り50cm　深さ21cm

●編み方
糸は1本どり。編み込み模様は裏側に糸を渡す編み込みの方法で編みますが、模様をはっきりと出すため、ベージュの糸を下に渡して編みます。

1　編みながら作る作り目で132目作って輪にし、かぶり口を編み込み1目ゴム編みで増減なく12段編みます。

2　次に編み込み模様にかえて編みますが、2段めで目を156目に増します。トップは図のように減らして編み、続けて飾りをメリヤス編みで増減なく5段編みます。

3　編み終わりは残りの目に糸端を通して絞りどめます。

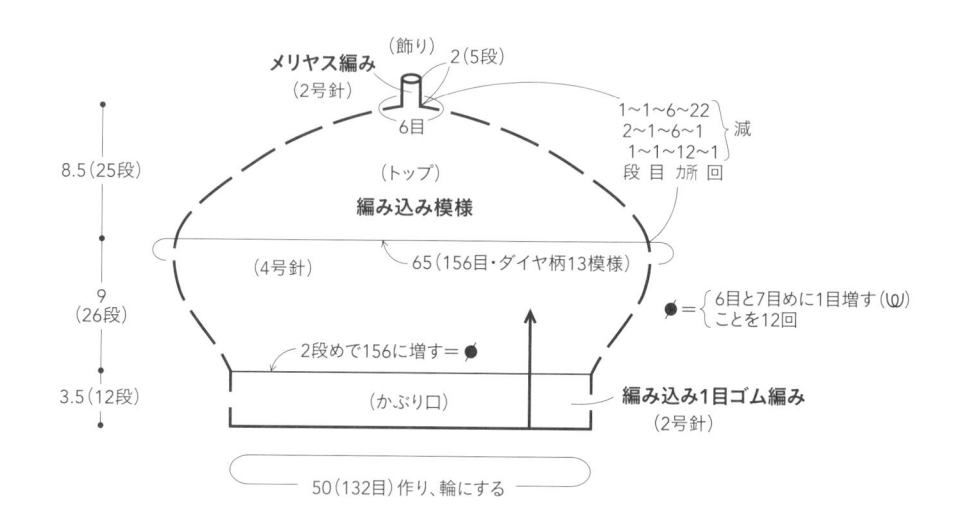

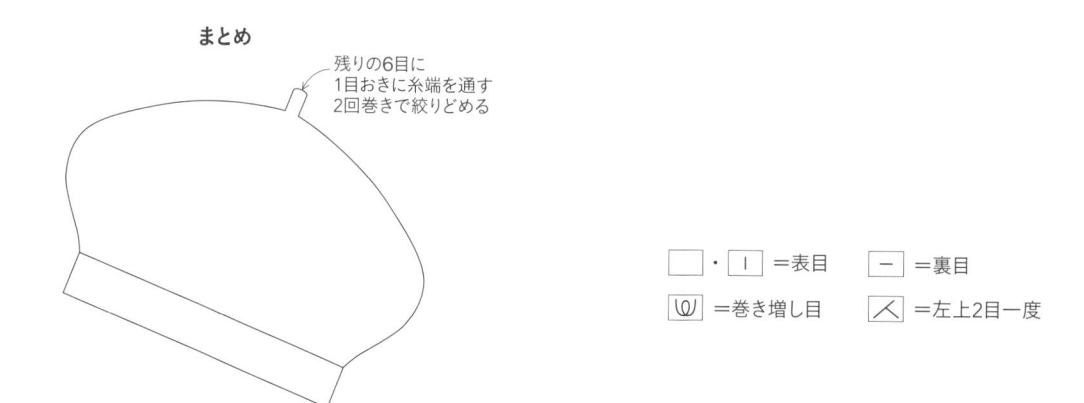

□・I＝表目　　－＝裏目

U＝巻き増し目　　左上2目一度

編み方図

39

●材料と用具

糸…DARUMA　チェビオットウール（50g巻）
　　エメラルド（3）を60g

針…8号4本棒針または80cm輪針
　　（マジックループ用）

その他…別糸（休み目用）、とじ針

●ゲージ（10cm四方）

　かのこ編み 17目29段
　模様編み 22目29段

●でき上がり寸法

　手のひら回り19cm　たけ22cm

●編み方

糸は1本どりで編みます。

1　本体を編みます。一般的な作り目で37
　目作って輪にし、メリヤス編みで1段編
　みます。

2　続けてかのこ編みと模様編みかえ、増
　減なく46段編んだら親指位置に別糸を
　編み入れます。

3　再びかのこ編みと模様編みで編みます
　が、別糸を編み入れたところは表目で編
　みます。最後にメリヤス編みを2段編ん
　で、編み終わりは伏せどめます。

4　親指を編みます。別糸をほどいて13目
　拾い、メリヤス編みで増減なく輪に6段
　編んで伏せどめます。

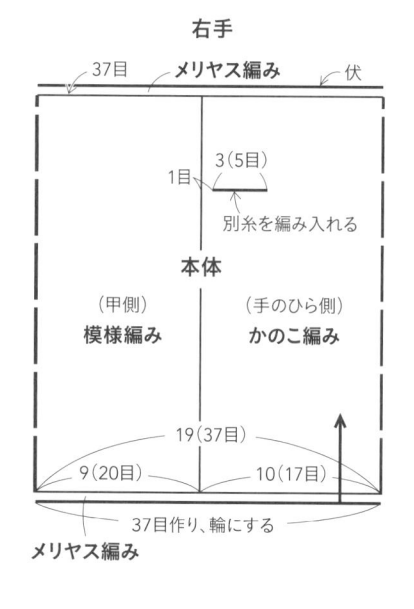

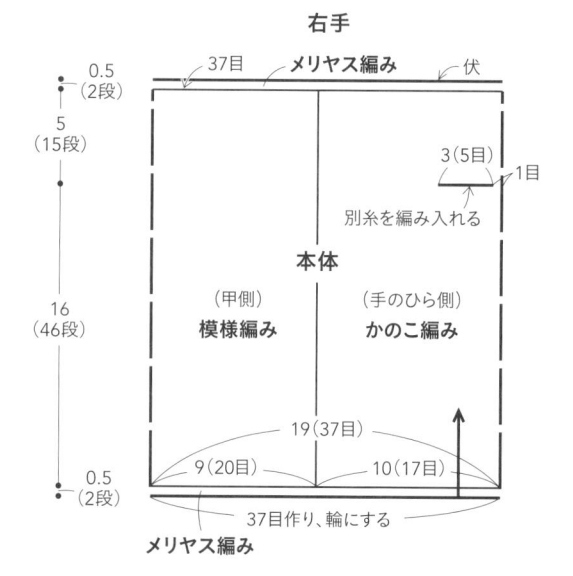

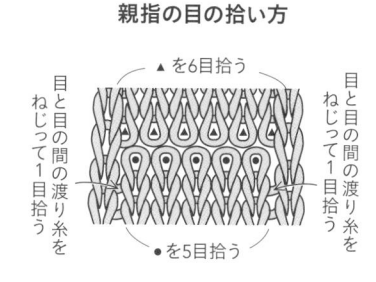

親指
メリヤス編み

親指の目の拾い方

本体の編み方図

（甲側）　　　　　　　　　　　　　　　（手のひら側）

左手　別糸を1段編み入れる

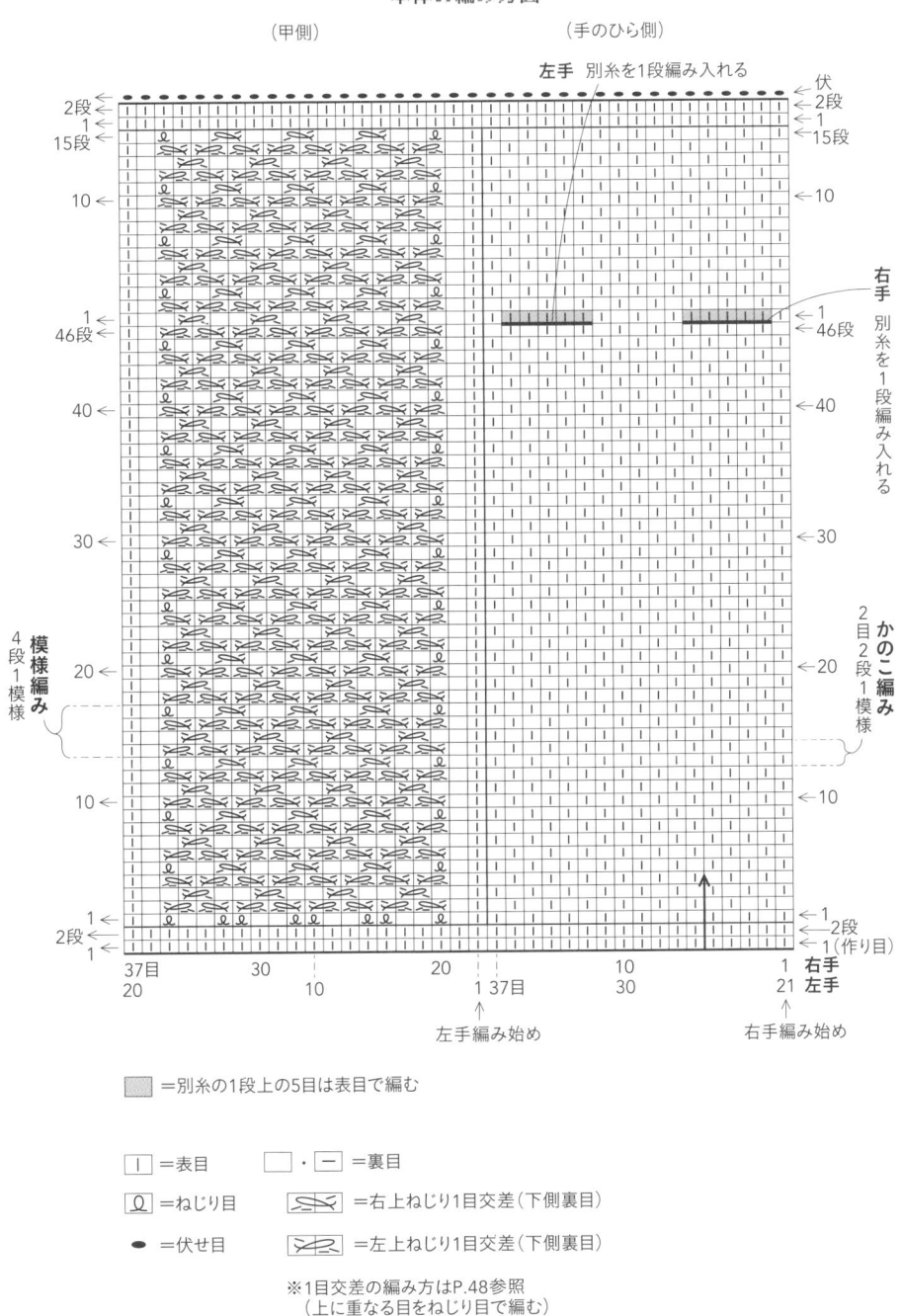

右手　別糸を1段編み入れる

模様編み　4段1模様

かのこ編み　2目2段1模様

左手編み始め　　　　　右手編み始め

━━━ =別糸の1段上の5目は表目で編む

| I | =表目 | ・ − | =裏目 |

Ω =ねじり目　　　　=右上ねじり1目交差（下側裏目）

● =伏せ目　　　　　=左上ねじり1目交差（下側裏目）

※1目交差の編み方はP.48参照
（上に重なる目をねじり目で編む）

●材料と用具
糸…パピー　モナルカ（50g巻）
　　　　オフホワイト（901）を100g
針…8号4本棒針または80cm輪針
　　　（マジックループ用）
その他…なわ編み針、とじ針

●ゲージ（10cm四方）
　A・A'模様 24目28.5段
●でき上がり寸法
　頭回り50cm　深さ約18.5cm

●編み方
糸は1本どりで編みます。

1　一般的な作り目で120目作って輪にし、
　　増減なく2目ゴム編みで3段、続けてA
　　模様で25段編みます。
2　次に編み地を裏返して、A'模様で増減
　　なく23段、図のように目を減らしながら
　　20段編みます（編み地を裏返すと編み
　　方向が変わるが、編み方図は記号通り
　　に右から左へ編む）。
3　編み終わりは、残りの目に糸端を通して
　　絞りどめます。

★模様編みを25段編んだら裏返して、
　トップまでの残りの段数を編む

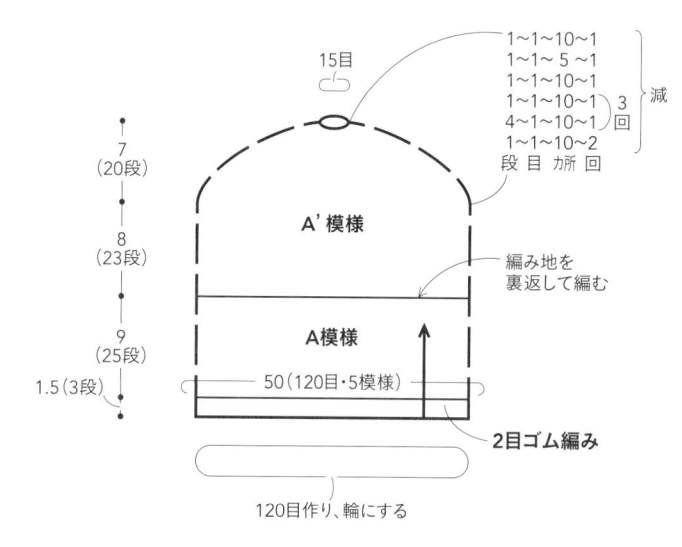

15目

1～1～10～1		
1～1～ 5 ～1		
1～1～10～1		
1～1～10～1		3
4～1～10～1		回
1～1～10～2		
段 目 か所		回

減

A'模様

編み地を
裏返して編む

A模様

50（120目・5模様）

2目ゴム編み

120目作り、輪にする

7
（20段）

8
（23段）

9
（25段）

1.5（3段）

まとめ

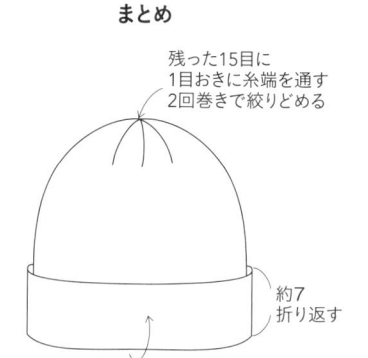

残った15目に
1目おきに糸端を通す
2回巻きで絞りどめる

約7
折り返す

| | | =表目

| − | =裏目

| 入 | =右上2目一度

| 人 | =左上2目一度

| 人 | =左上2目一度（裏目）

=右上2目交差

=左上2目交差

=右上2目・右下1目交差

=左上2目・右下1目交差

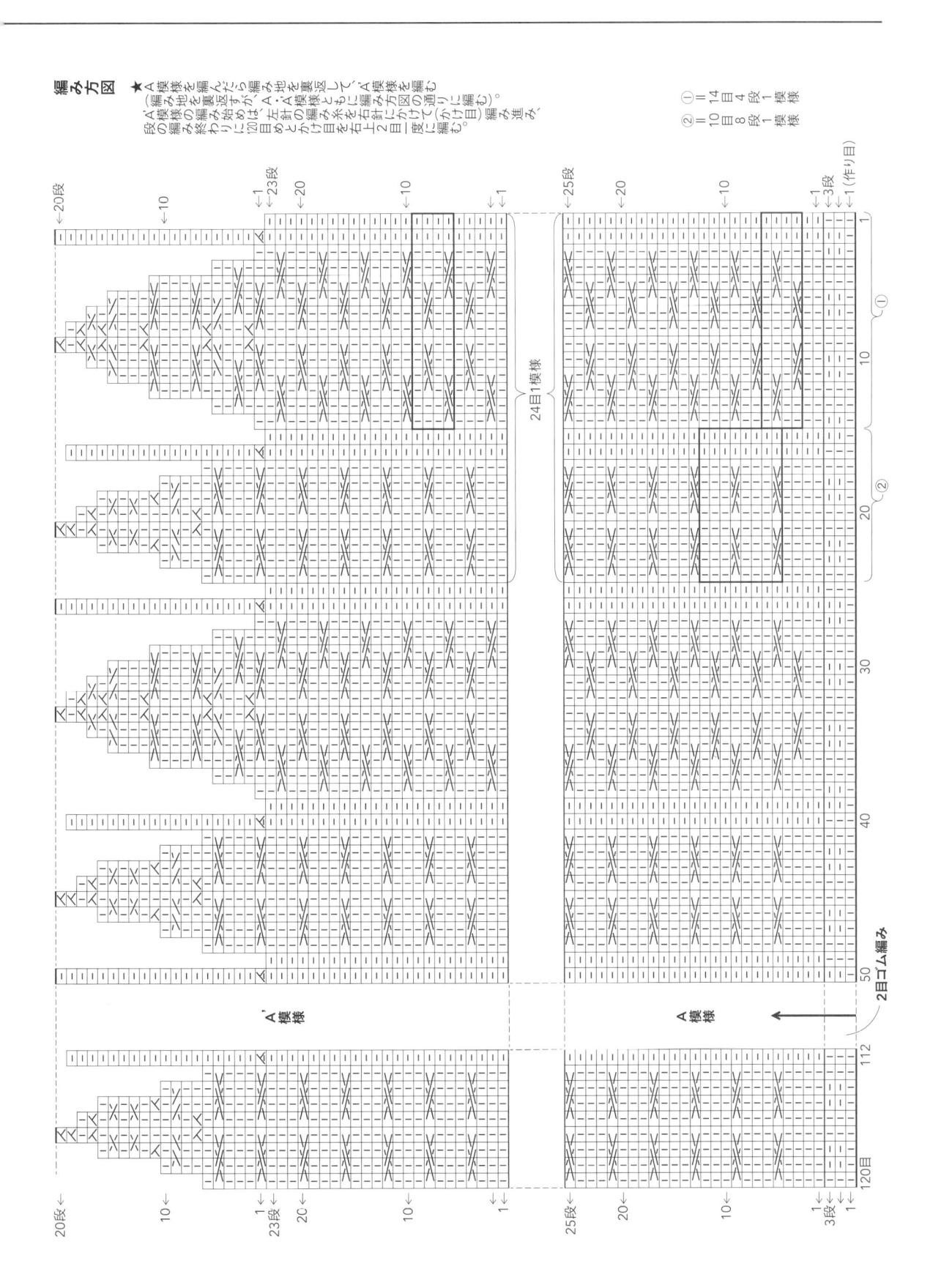

●材料と用具
糸…パピー　フォルトゥーナ（25g巻）
　　赤（2248）を60g
針…3号4本棒針または80cm輪針
　　（マジックループ用）
その他…4/0号針（作り目用）、とじ針

●ゲージ（10cm四方）
　　模様編み 18目64.5段
●でき上がり寸法
　　頭回り53cm　深さ約22cm

●編み方
糸は1本どりで編みます。

1　かぎ針を使った作り目で96目作って輪
　　にし、模様編みで増減なく136段、続
　　けて図のように目を減らしながら39段
　　編みます。

2　編み終わりは、残りの目に糸端を通して
　　絞りどめます。

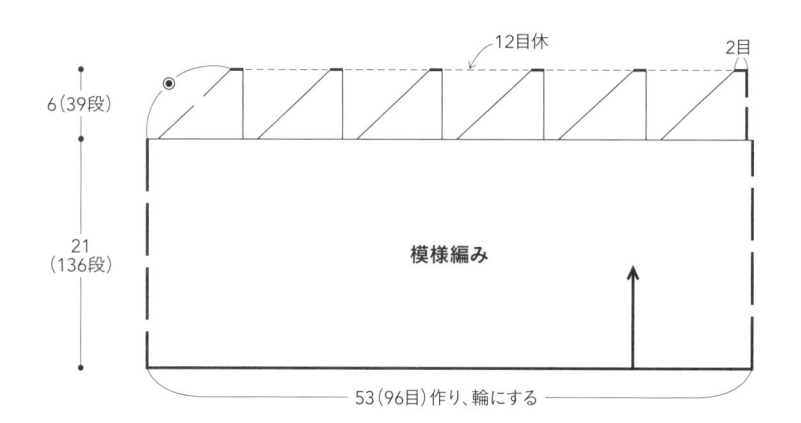

6（39段）

21
（136段）

12目休

2目

模様編み

53（96目）作り、輪にする

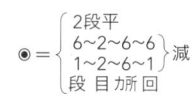

◎ ＝ 2段平
6～2～6～6
1～2～6～1 減
段 目 カ所 回

まとめ

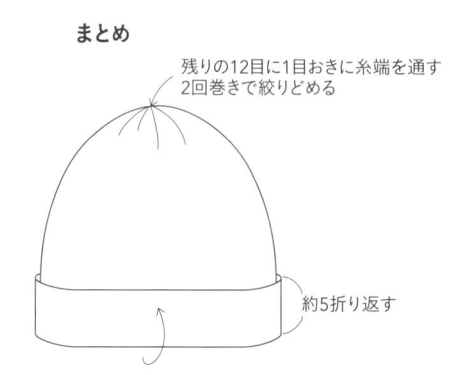

残りの12目に1目おきに糸端を通す
2回巻きで絞りどめる

約5折り返す

| | ＝表目　| − | ＝裏目　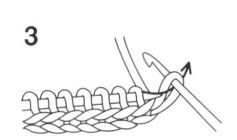 ＝引き上げ目

② ①

← ①表引き上げ、②かけ目・すべり目
← ①かけ目・すべり目、②裏引き上げ
← ①表目、②かけ目・すべり目
← ①表目、②裏目
← ①、②作り目

※普通の引き上げ編みより
　きつめに編み上がります

←かけ目・すべり目
←右上3目一度

●かぎ針を使った作り目

1　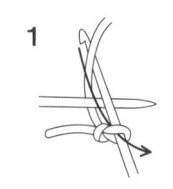

2　編み糸を棒針の
後ろにまわす

3

かぎ針に1目作り、棒針に矢印のように編みつけ、
かぎ針に残った最後の目は棒針に移す。

編み方図

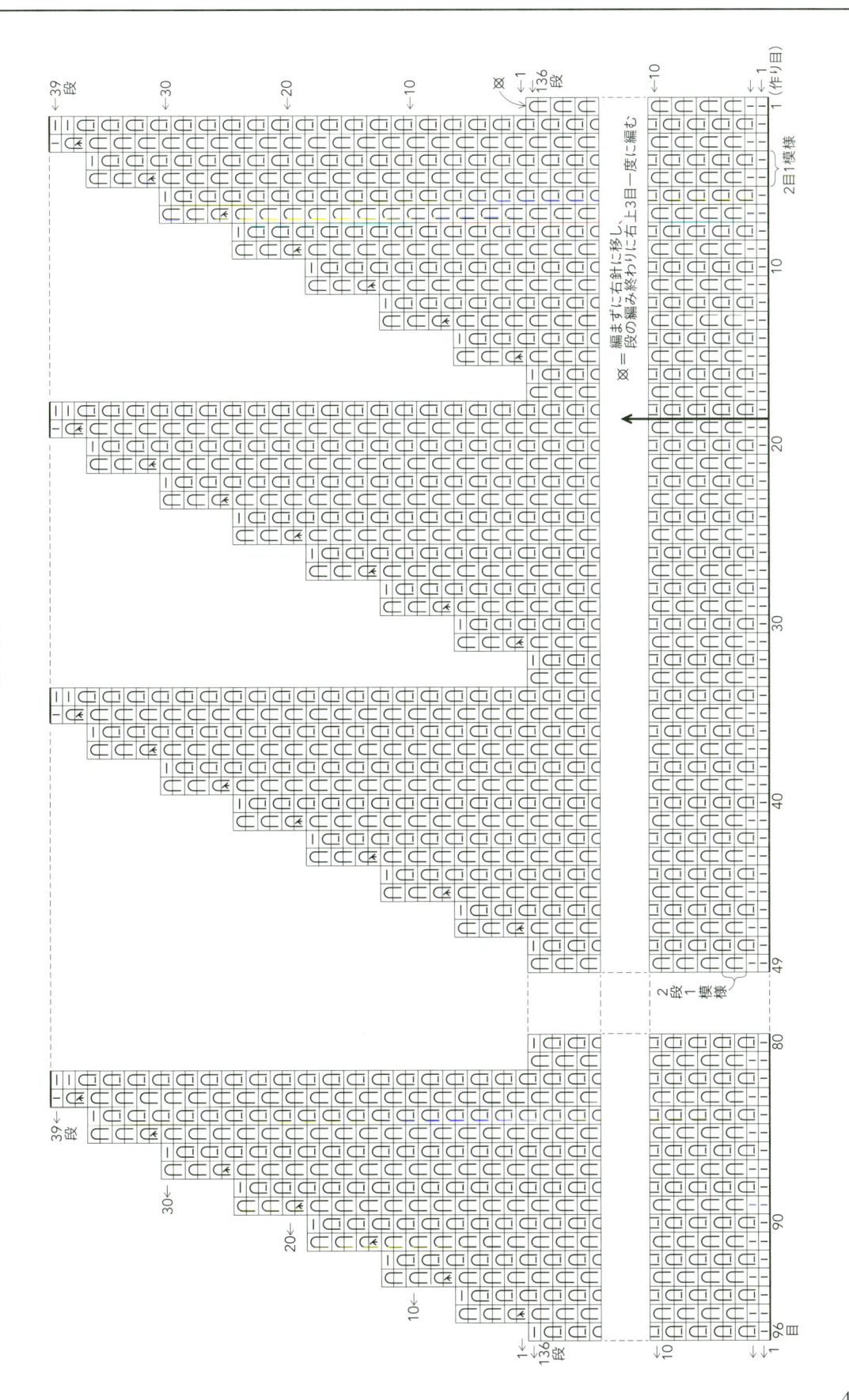

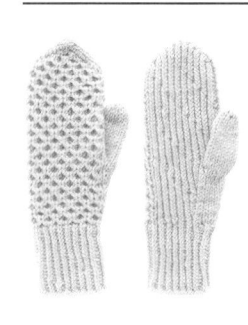

●材料と用具
糸…リッチモア　スペクトルモデム（40g巻）
　　薄ベージュ（2）を65g
針…6号・7号4本棒針または80cm輪針
　　（マジックループ用）
その他…別糸（休み目用）、とじ針

●ゲージ（10cm四方）
　模様編み・ねじり1目ゴム編み 23目28段（7号針）
　メリヤス編み（親指）20目28段
●でき上がり寸法
　手のひら回り18.5cm　たけ24.5cm

●編み方
糸は1本どりで、指定の針で編みます。

1　一般的な作り目で36目作って輪にし、ねじり1目ゴム編みで増減なく20段編みます。

2　次にねじり1目ゴム編みと模様編みにかえて42段編みますが、図のように親指位置はメリヤス編みで目を増しながらまちを作ります。

3　次に目を減らして10段編み、編み終わりは残りの目に糸端を通して絞りどめます。

4　親指位置から目を拾い、メリヤス編みで輪に編んで図のように目を減らします。編み終わりは、本体と同じ要領で糸端を通して絞りどめます。

左手
★右手は編み方図参照

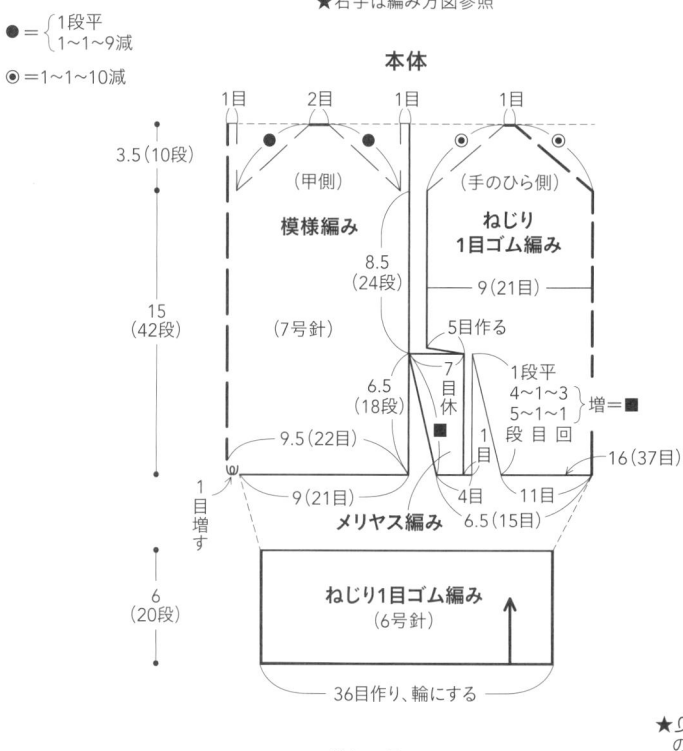

親指

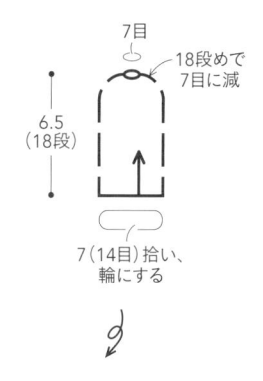

まとめ

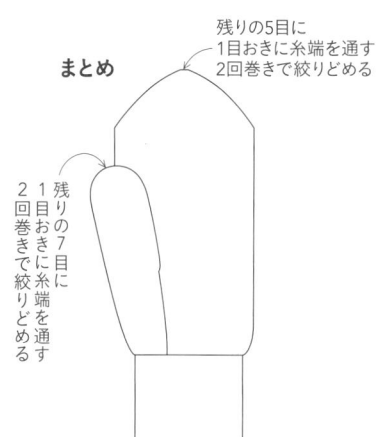

親指の編み方
★ Ω・Ω はP.40の「親指の目の拾い方」の要領で、目と目の間の渡り糸から拾う

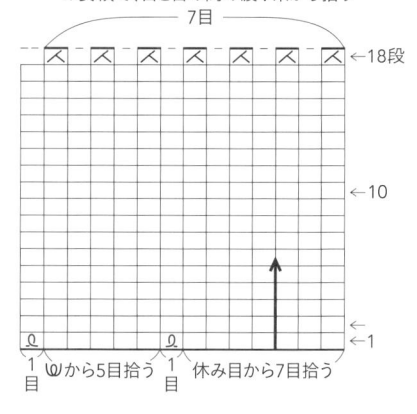

左手の編み方図

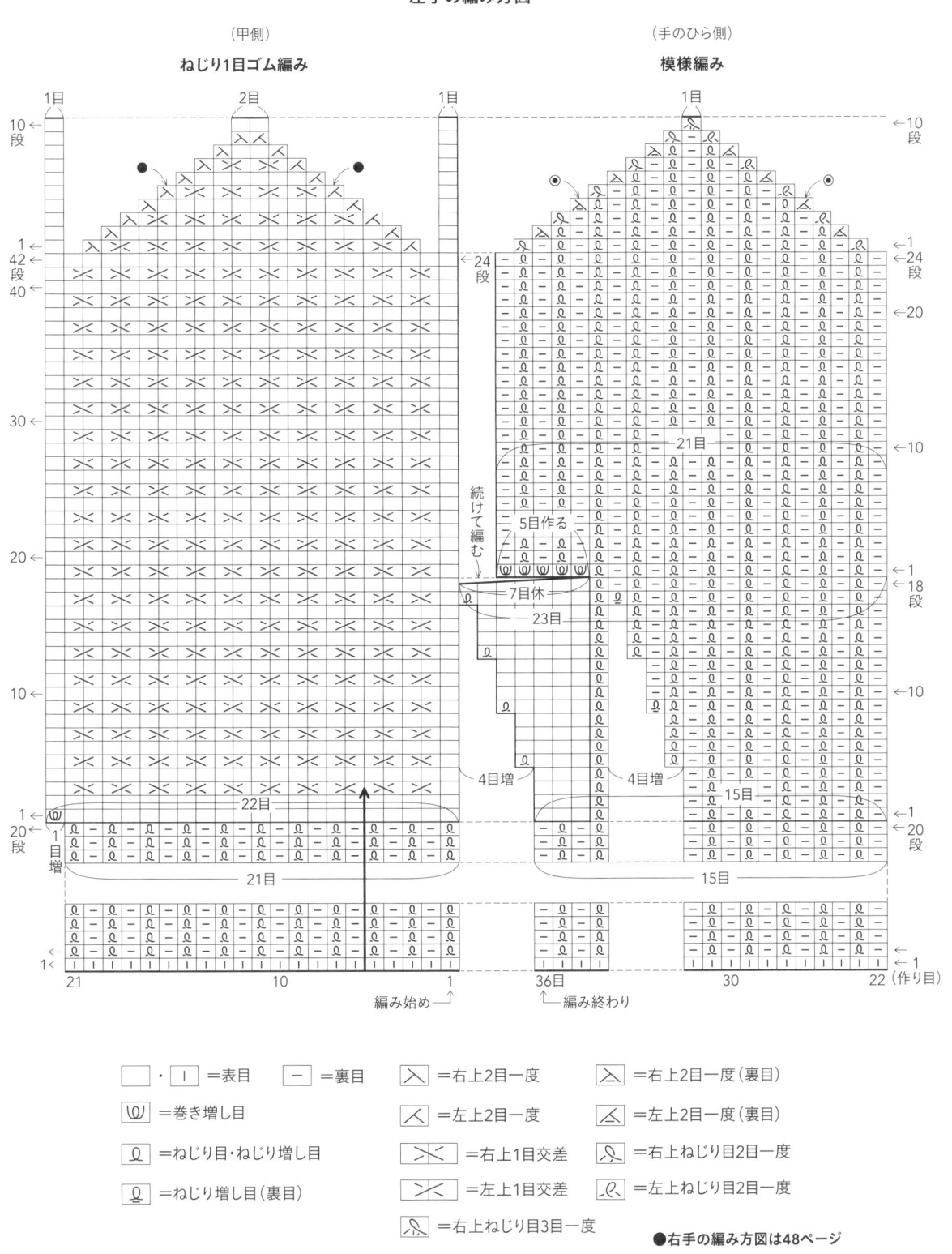

（甲側）　ねじり1目ゴム編み　　　（手のひら側）　模様編み

●右手の編み方図は48ページ

□・|	＝表目
－	＝裏目
⋏	＝右上2目一度
⋌	＝左上2目一度
Ø	＝巻き増し目
Ω	＝ねじり目・ねじり増し目
Ω	＝ねじり増し目（裏目）

右上2目一度（裏目）／左上2目一度（裏目）／右上1目交差／左上1目交差／右上ねじり目2目一度／左上ねじり目2目一度／右上ねじり目3目一度

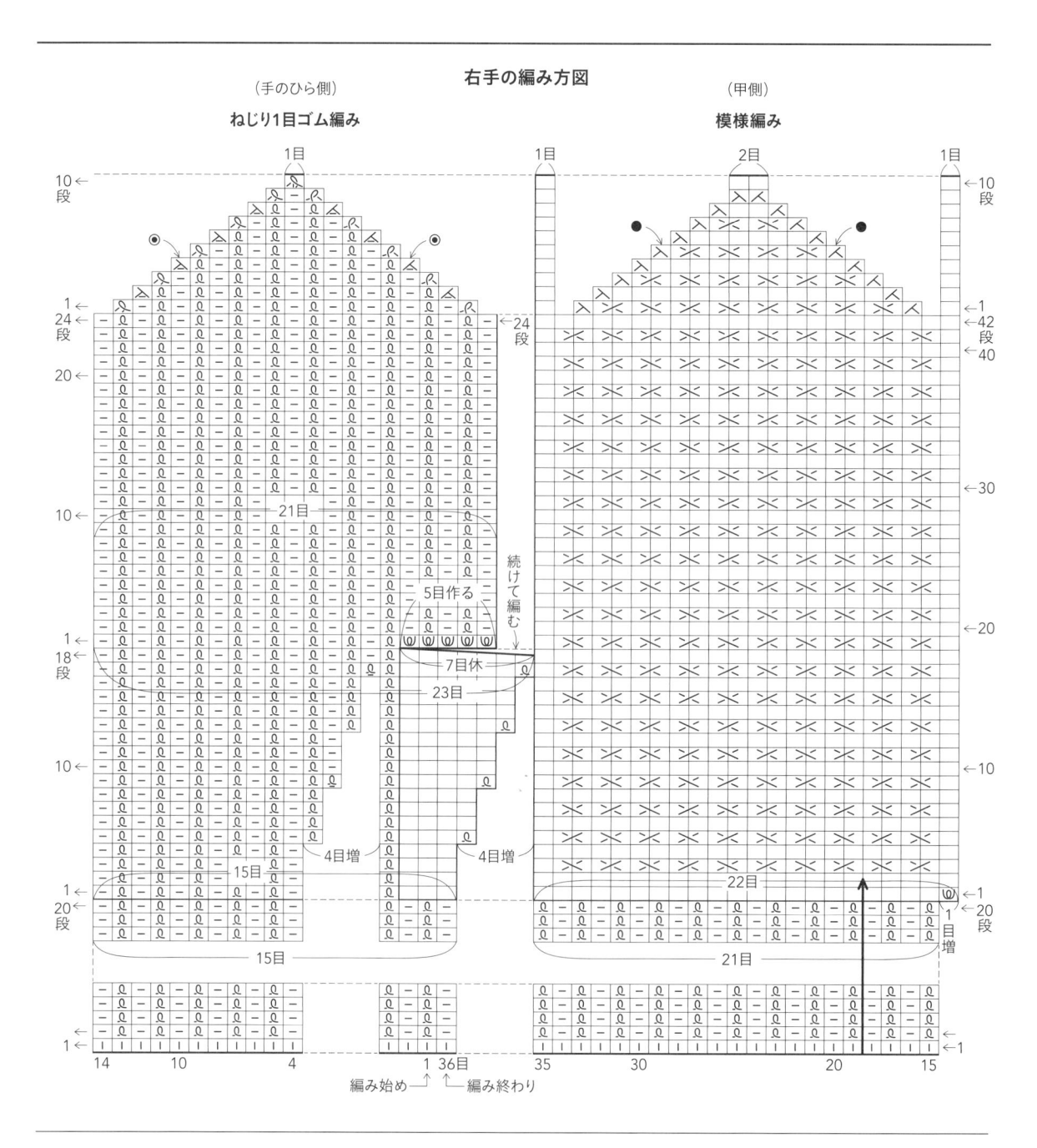

右手の編み方図

（手のひら側）　ねじり1目ゴム編み

（甲側）　模様編み

続けて編む

右上1目交差

1
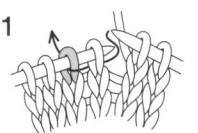
1目めの向こう側から2目めに
右針を入れて表目を編む。

2
1目めに右針を入れ、表目で編む。

3
左針にかかった目をはずす。

左上1目交差

1
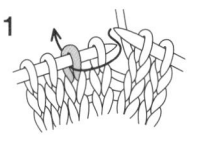
1目めの手前側から2目めに
右針を入れて表目を編む。

2
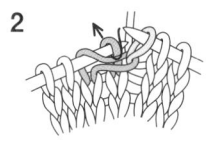
1目めに右針を入れ、表目で編む。

3
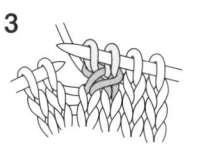
左針にかかった目をはずす。

●材料と用具
糸…ハマナカ　ソノモノ ロイヤルアルパカ（25g巻）
　　　　淡グレー（144）を210g
針…6号100cm輪針・
　　　4号4本棒針または40cm輪針
その他…とじ針

●ゲージ（10cm四方）
模様編み 24目27段（6号針）
●でき上がり寸法
幅146cm　たけ約73.5cm

●編み方
糸は1本どりで、指定の針で編みます。

1　巻き目の作り目で3目作り、ガーター編みで往復に6段編みます。

2　図のように目と段から目を拾い、模様編みとガーター編みで往復に目を増しながら190段編みます。

3　本体の編み終わりに続けて針の号数をかえ、巻き増し目の要領で3目作り。縁編みを編みます。縁編みは2段ごとに本体とつなぎながら往復に編み、伏せどめます。

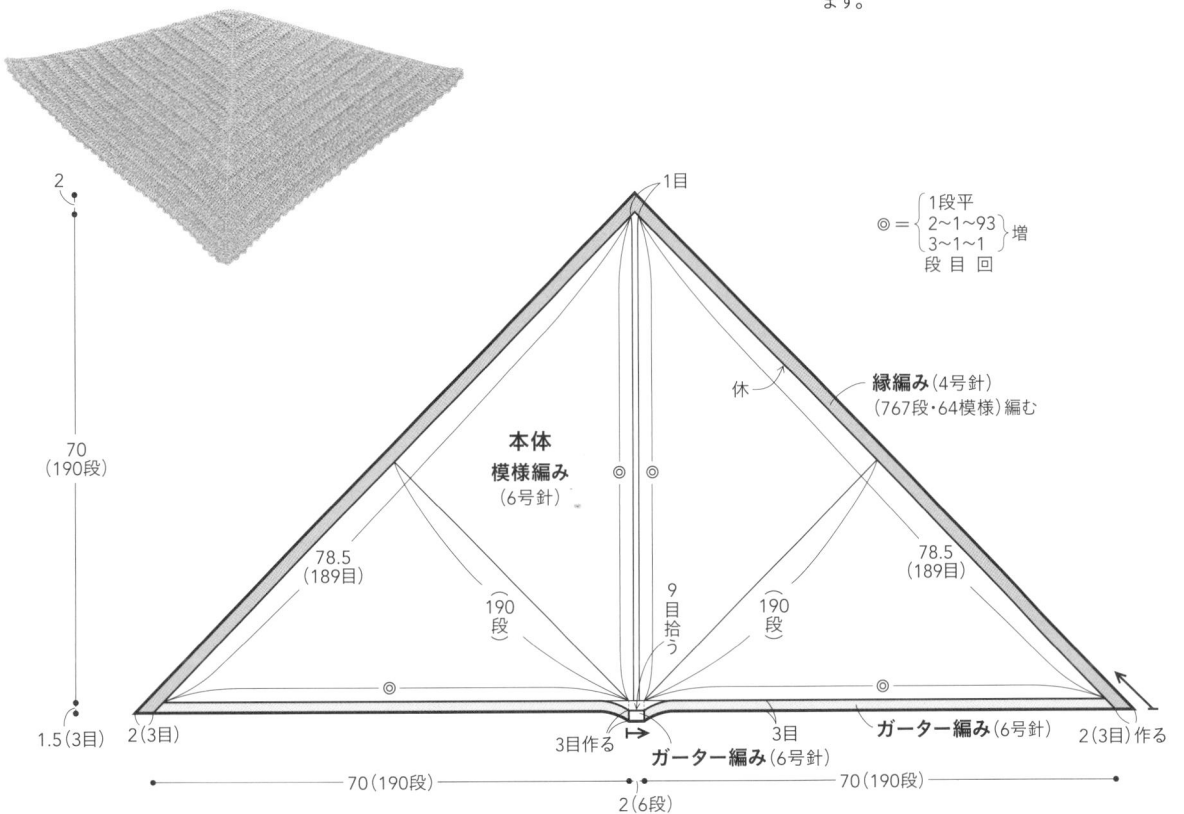

◎＝ {1段平 / 2〜1〜93 / 3〜1〜1} 増
　　段 目 回

1目

休

縁編み（4号針）
（767段・64模様）編む

本体
模様編み
（6号針）

78.5
（189目）

78.5
（189目）

190段

9目拾う

190段

2
70
（190段）
1.5（3目）

2（3目）

3目作る

ガーター編み（6号針）

3目

ガーター編み（6号針）

2（3目）作る

70（190段）

2（6段）

70（190段）

●巻き目の作り目

1

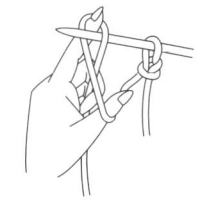

一般的な作り目（P.70）の1〜4を参照して1目作る。次に左手の人さし指に編み糸を図のように巻きつけて右針に移す。

2

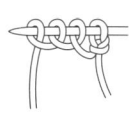

巻きつけて右針に移すことをくり返し、必要な目数を作る。

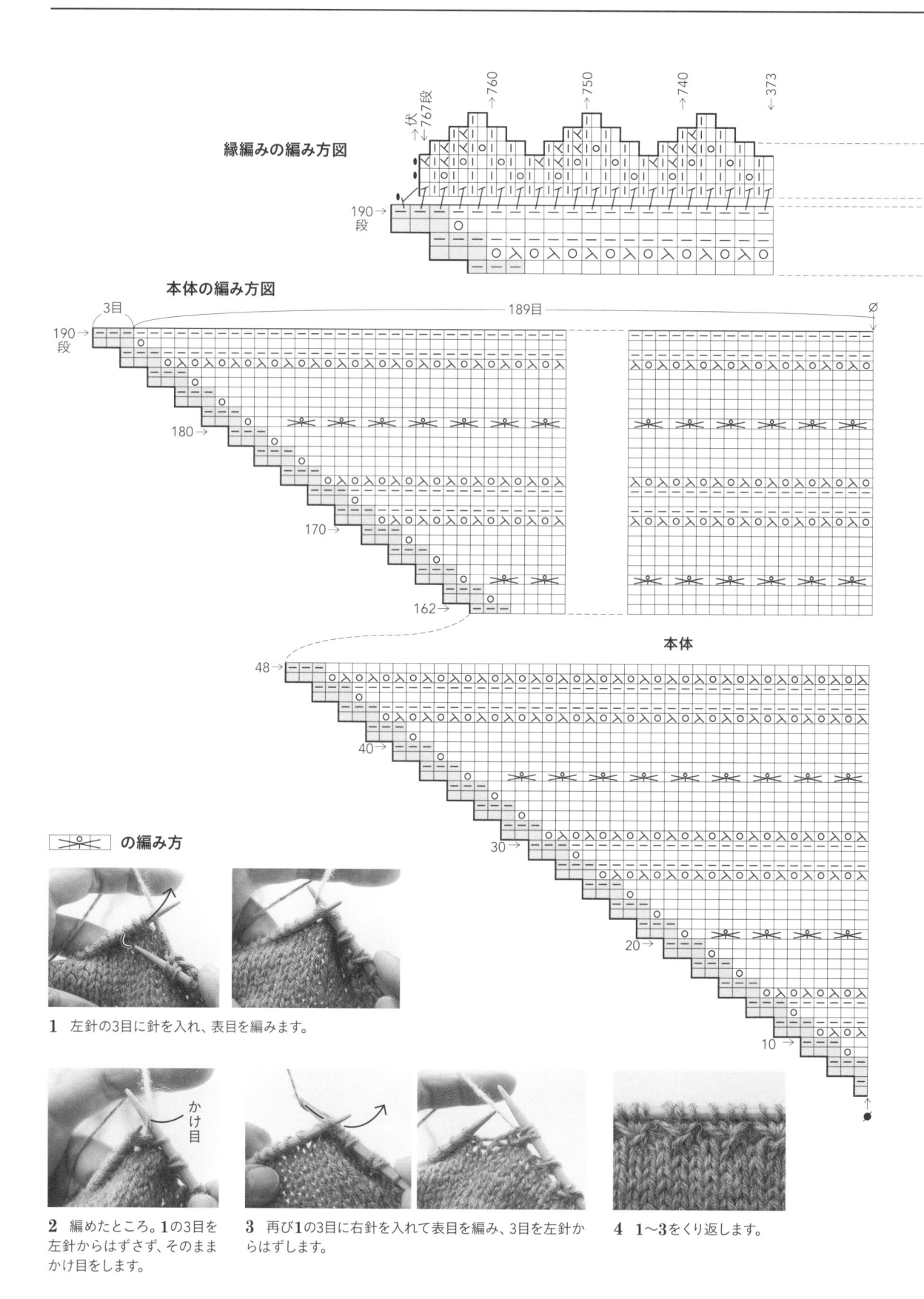

縁編みの編み方図

本体の編み方図

3目　189目

190段

180→
170→
162→

本体

48→
40→
30→
20→
10→

✕ の編み方

1 左針の3目に針を入れ、表目を編みます。

2 編めたところ。1の3目を左針からはずさず、そのままかけ目をします。

3 再び1の3目に右針を入れて表目を編み、3目を左針からはずします。

4 1〜3をくり返します。

50

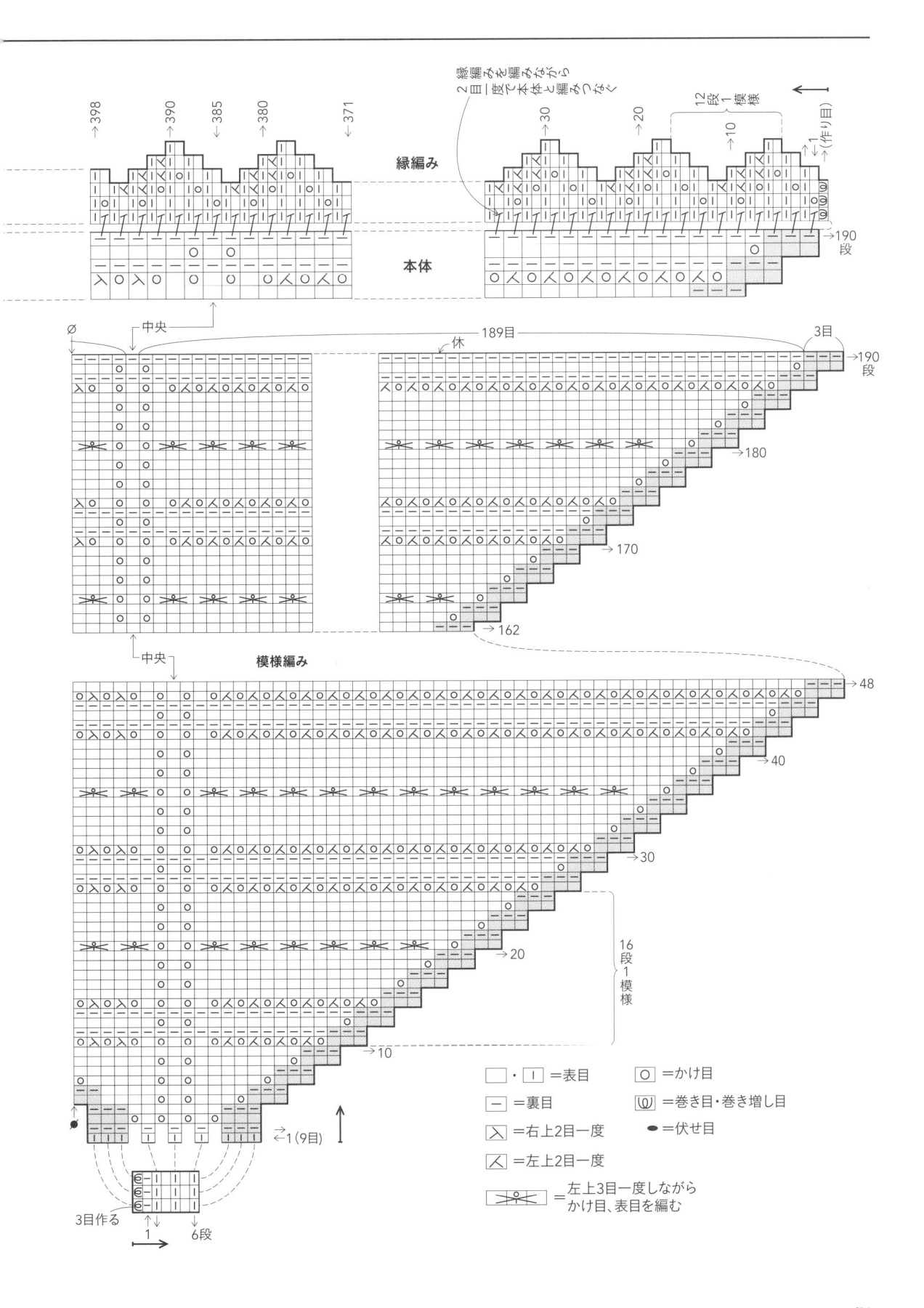

●材料と用具
糸…リッチモア　パーセント（40g巻）
　　　　グレー（122）を25g、茶色（89）を10g、クリーム色（20）・ミント色（23）を各5g、
　　　　若草色（14）・ブルー（43）・黄土色（103）を各3g、
　　　　オレンジ色（118）・ライトグレー（121）を各少々
針…3号・2号4本棒針または80cm輪針（マジックループ用）
その他…別糸（休み目用）、とじ針

●ゲージ（10cm四方）　編み込み模様 32目35.5段
●でき上がり寸法　手のひら回り20cm　たけ19cm

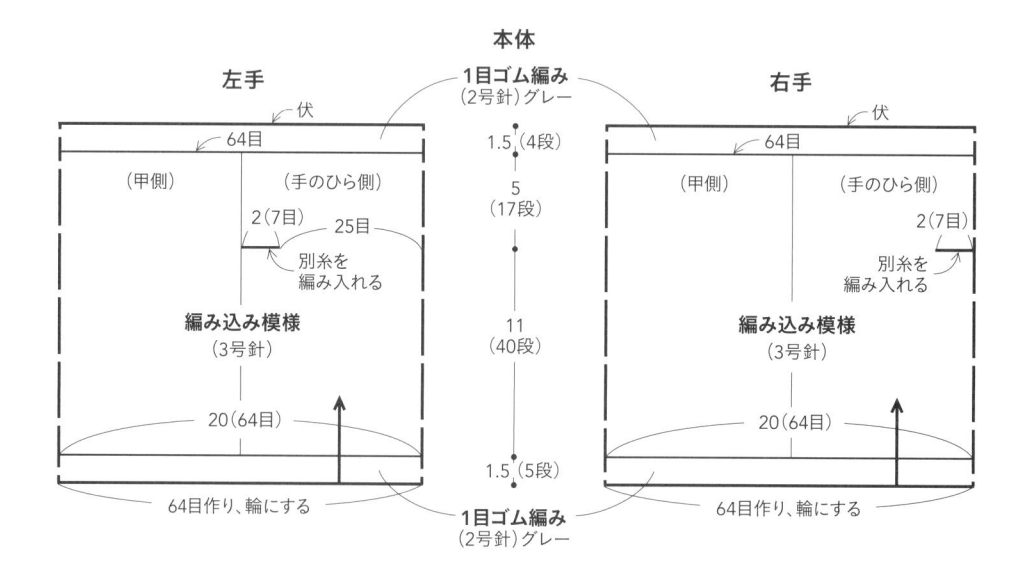

本体

左手　　　　　　　　1目ゴム編み　　　　　　　右手
　　　　　　　　　　（2号針）グレー

伏　　　　　　　　　　　　　　　　　　　　　伏
64目　　　　　　　　1.5（4段）　　　　　　　64目
（甲側）　（手のひら側）　5　　　（甲側）　（手のひら側）
　　　　　　　　　　（17段）
2（7目）　25目　　　　　　　　　　　　　2（7目）
　　　別糸を　　　　　　　　　　　　　　別糸を
　　　編み入れる　　11　　　　　　　　　編み入れる
編み込み模様　　　　（40段）　　　　　　編み込み模様
（3号針）　　　　　　　　　　　　　　　（3号針）

20（64目）　　　　　　　　　　　　　20（64目）

　　　　　　　　　　1.5（5段）
64目作り、輪にする　　　　　　　　　64目作り、輪にする
　　　　　　　　　　1目ゴム編み
　　　　　　　　　　（2号針）グレー

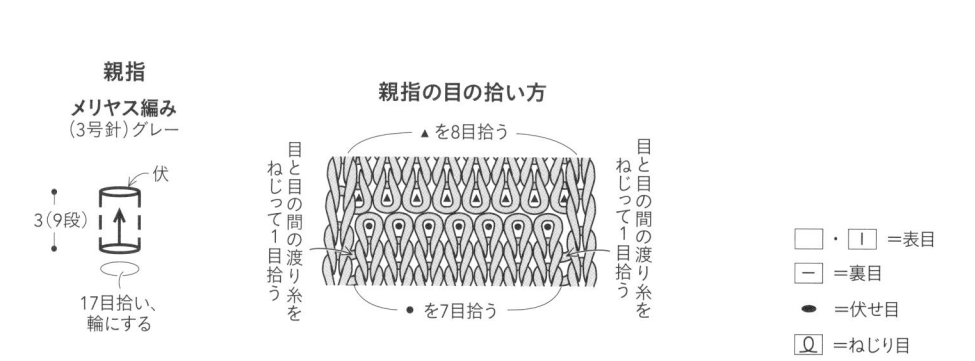

親指　　　　　　　　　　親指の目の拾い方
メリヤス編み
（3号針）グレー
　　　　　　　　　　　　　　▲を8目拾う
　　　伏
3（9段）　　　　　　　　　　　　　●を7目拾う

17目拾い、
輪にする

目と目の間の渡り糸をねじって1目拾う（左右）

□・|=表目
—=裏目
●=伏せ目
Q=ねじり目

●**編み方** 糸は1本どりで、編み込み模様は裏側に糸を渡す編み込みの方法で編みます。

1 一般的な作り目で64目作り、1目ゴム編みで増減なく5段編みます。

2 次に編み込み模様にかえて増減なく40段編んだら、親指位置に別糸を編み入れます。続けて編み込み模様を17段編みます。

3 再び1目ゴム編みで増減なく4段編み、編み終わりは伏せどめます。

4 別糸をほどいて目を拾い、親指をメリヤス編みで輪に9段編んで本体と同じ要領で目をとめます。

編み方図 ★編み終わりは前段と同じ目を編みながら伏せどめる

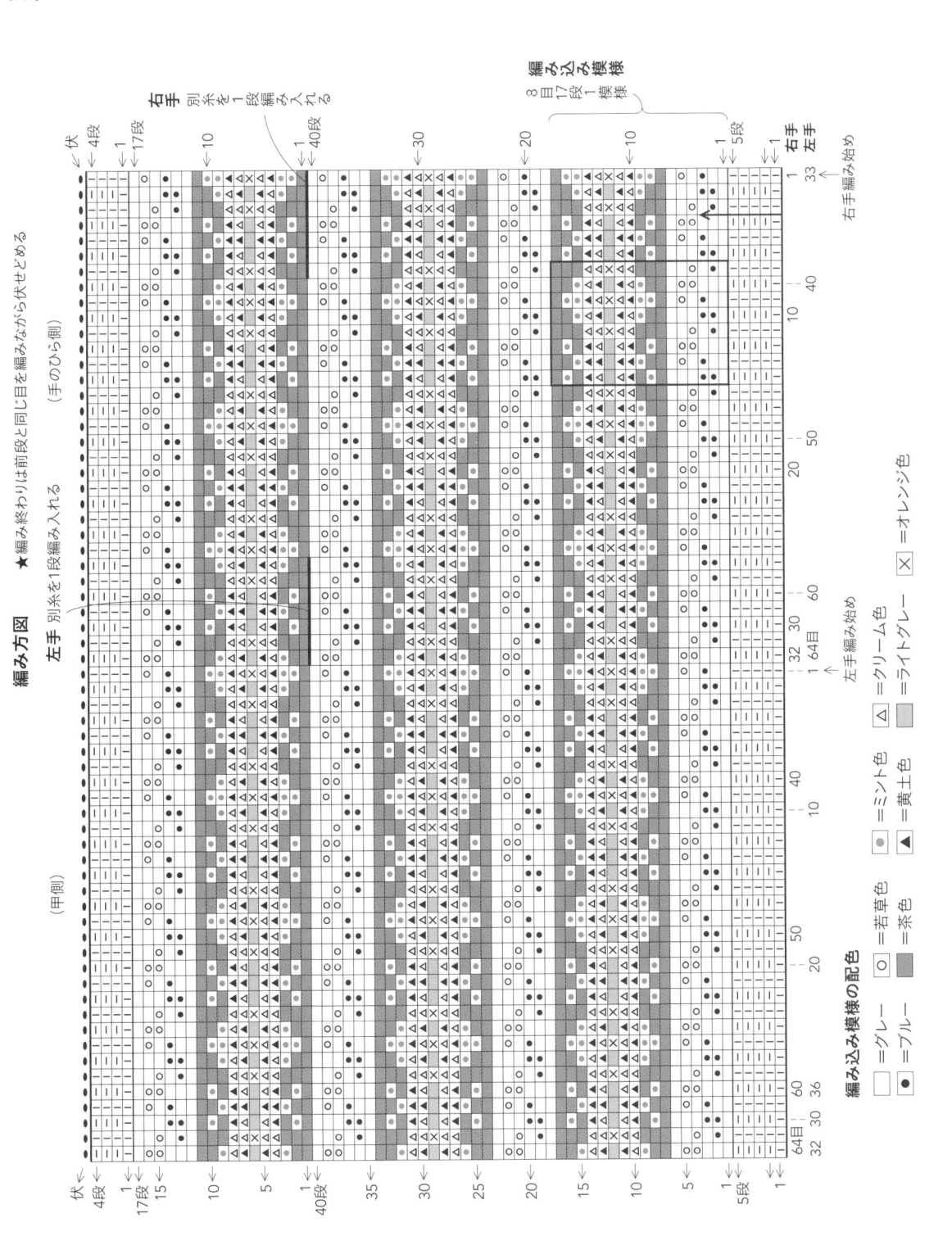

編み込み模様の配色

□ =グレー 　○ =若草色 　△ =ミント色 　⊠ =オレンジ色
● =ブルー 　● =茶色 　▨ =ライトグレー 　▦ =黄土色 　▨ =クリーム色

●材料と用具

糸…パピー　ブリティッシュファイン（25g巻）
　　　　紺（003）を20g、
　　　　濃いブルー（007）・杢グレー（010）・黄緑色（028）・水色（064）を各5g、
　　　　赤（013）・青紫（027）・黄色（035）・ブルー（062）・黄土色（065）を各3g
針…0号・2号4本棒針または80cm輪針（マジックループ用）
その他…とじ針

●ゲージ（10cm四方）　編み込み模様 34目36段
●でき上がり寸法　頭回り49.5cm　深さ21cm

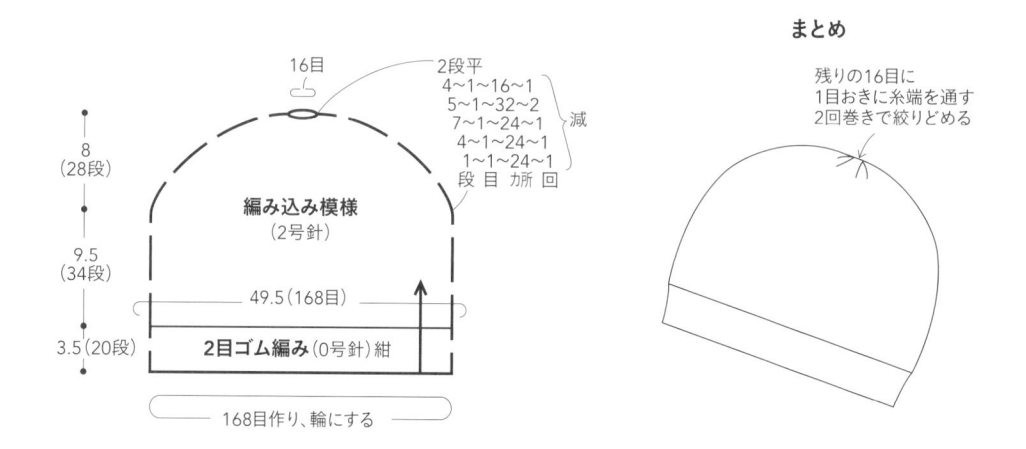

まとめ

残りの16目に
1目おきに糸端を通す
2回巻きで絞りどめる

16目

2段平
4〜1〜16〜1
5〜1〜32〜2
7〜1〜24〜1
4〜1〜24〜1
1〜1〜24〜1
段目加所回　} 減

編み込み模様
（2号針）

8
（28段）

9.5
（34段）

3.5（20段）

49.5（168目）

2目ゴム編み（0号針）紺

168目作り、輪にする

2目ゴム編みの編み方図

★20段めはすべて表目で編む

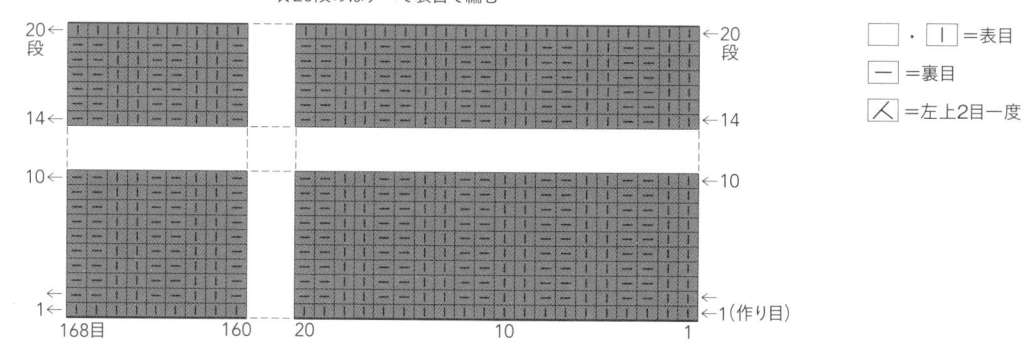

20段　14　10　1

20段　14　10　1（作り目）

168目　160　20　10　1

| ・ $\boxed{\text{I}}$ =表目
| $\boxed{-}$ =裏目
| $\boxed{\diagup\!\!\!\backslash}$ =左上2目一度

●**編み方** 糸は1本どりで、編み込み模様は裏側に糸を渡す編み込みの方法で編みます。

1　一般的な作り目で168目作って輪にし、2目ゴム編みで増減なく20段編みます。

2　次に編み込み模様にかえ、図のように増減なく34段、目を減らしながら28段編みます。

3　編み終わりは、残りの目に糸端を通して絞りどめます。

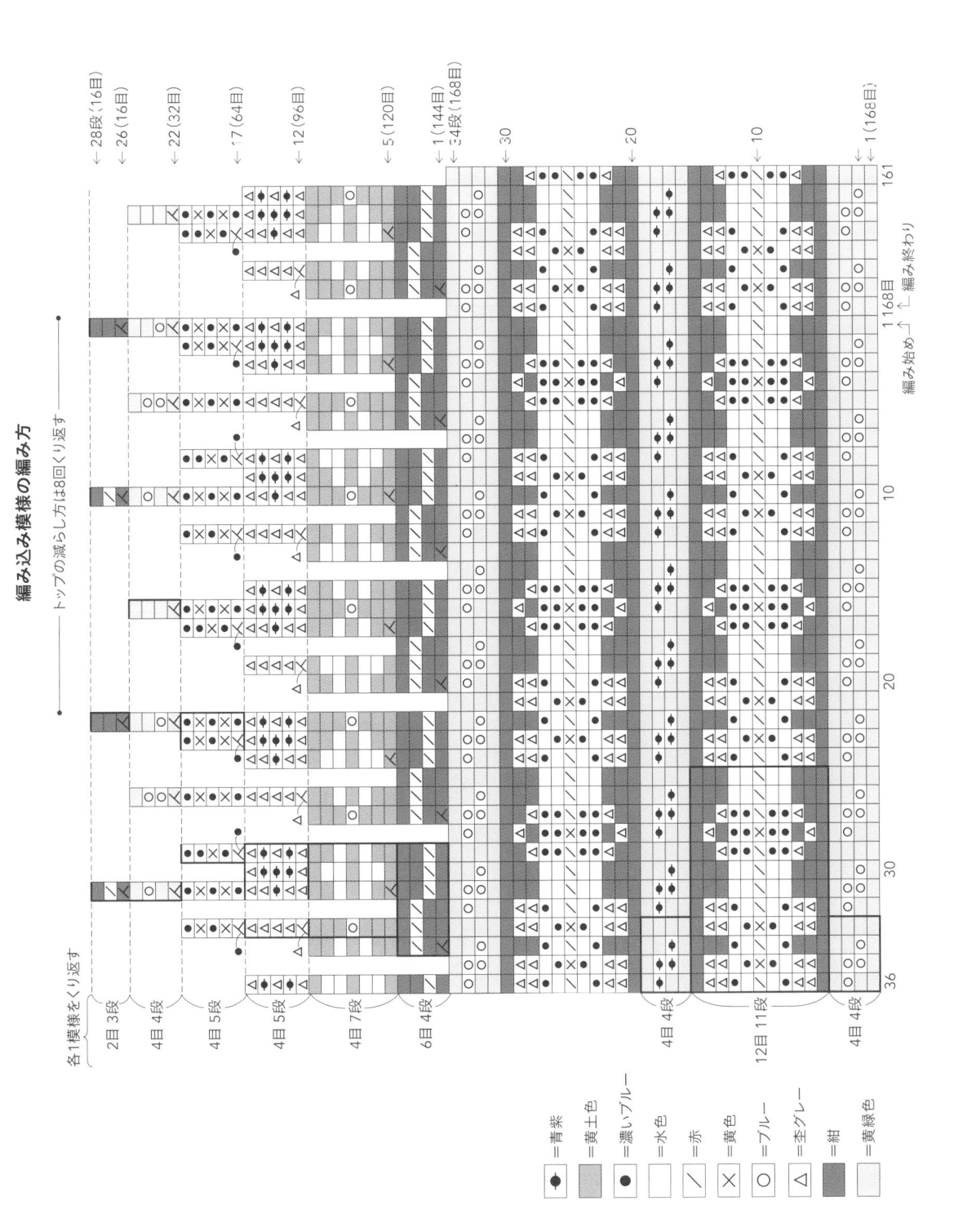

編み込み模様の編み方

55

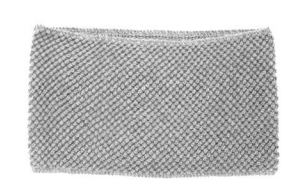

●材料と用具
糸…ハマナカ　アメリー（**40g巻**）
　　　イエローオーカー（41）を200g
針…7号2本棒針
その他…とじ針

●ゲージ（10cm四方）
　模様編み 28.5目24.5段
●でき上がり寸法
　幅28cm　長さ120cm

●編み方
糸は1本どりで編みます。

1　一般的な作り目で80目作り、模様編み
　で増減なく294段編みます。
2　編み始めと編み終わりをメリヤスはぎで
　合わせて輪にします。

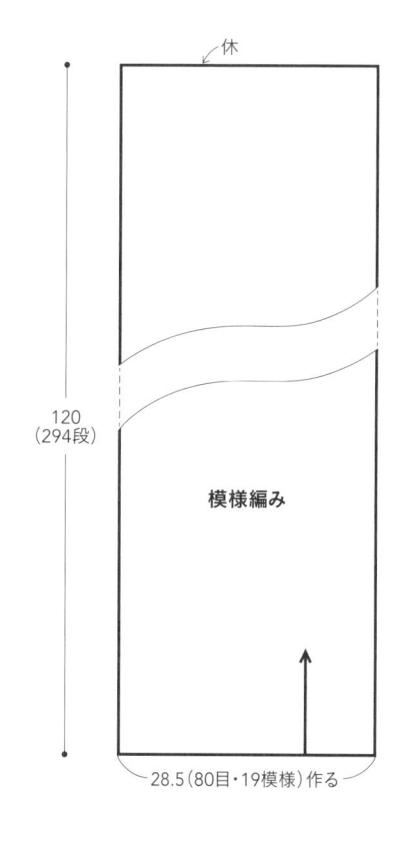

休

120
（294段）

模様編み

28.5（80目・19模様）作る

まとめ

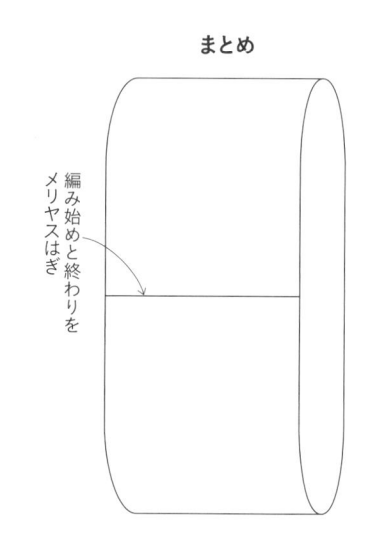

編み始めと終わりを
メリヤスはぎ

編み始めと終わりを
メリヤスはぎ

記号の読み方

☐・│ ＝表目

― ＝裏目

⟋│⟍ ＝左上3目一度

⟋3⟍ ・ ―│― ＝編み出し増し目（3目）

編み方図

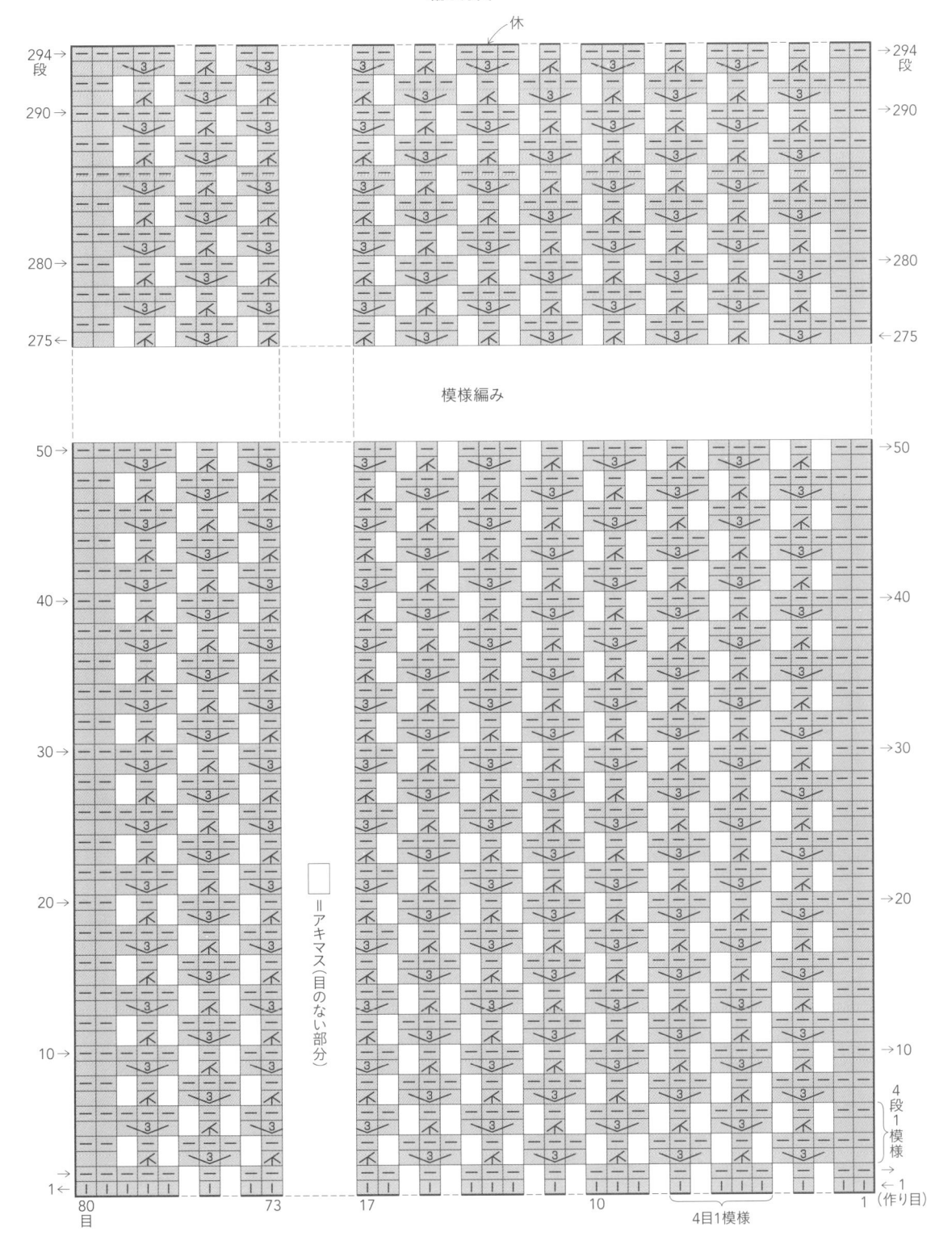

模様編み

休

□ ＝アキマス（目のない部分）

4目1模様

●材料と用具
糸…ハマナカ　コロポックル（25g巻）
　　黒（18）を50g、
　　ライトグレー（3）を25g
針…2号・1号4本棒針または80cm輪針
　　（マジックループ用）
その他…別糸、とじ針

●ゲージ（10cm四方）
編み込み模様 35.5目32段
メリヤス編み 28目39段

●でき上がり寸法
底たけ22cm（足のサイズ約22〜24cm）

●編み方
糸は1本どりで、編み込み模様は裏側に糸を渡す編み込みの方法で編みます。かかと用の糸として黒を約10m×2本取り分けておきます。

1　一般的な作り目で64目作って輪にし、1目ゴム編みと編み込み模様で増減なく編みます。かかと位置は別糸を31目編み入れ、さらにかかと用の糸で別糸の上を編み戻って糸を休ませます（かかと1段めを半分まで編んだことになる）。

2　再び編み込み模様を編み、つま先はメリヤス編みで目を減らして編んで休み目にします。

3　別糸をほどいて目を拾い、かかと用の糸で1段めの続きから図を参照して編みます。

4　つま先とかかとの目をそれぞれメリヤスはぎで合わせます。

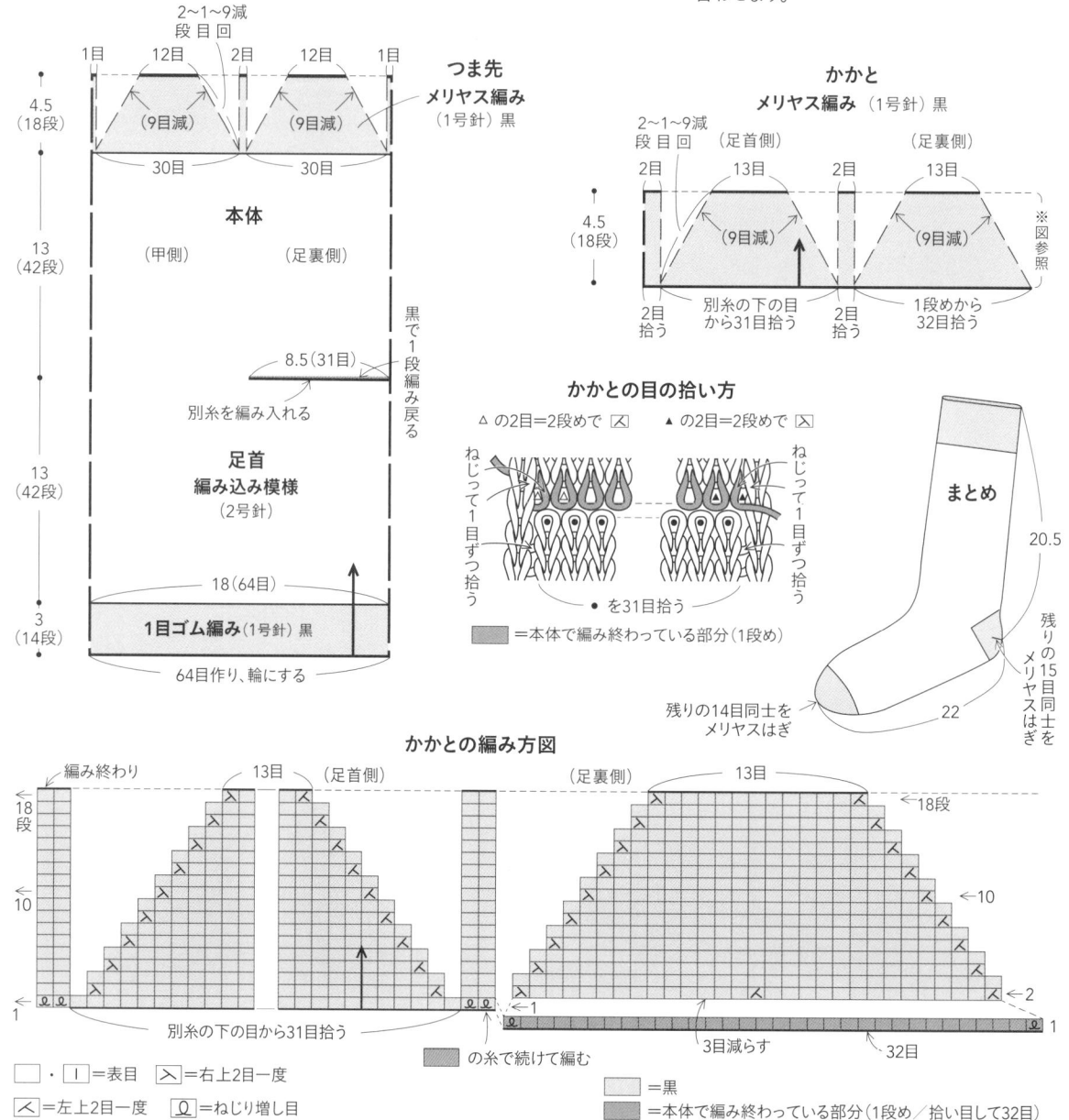

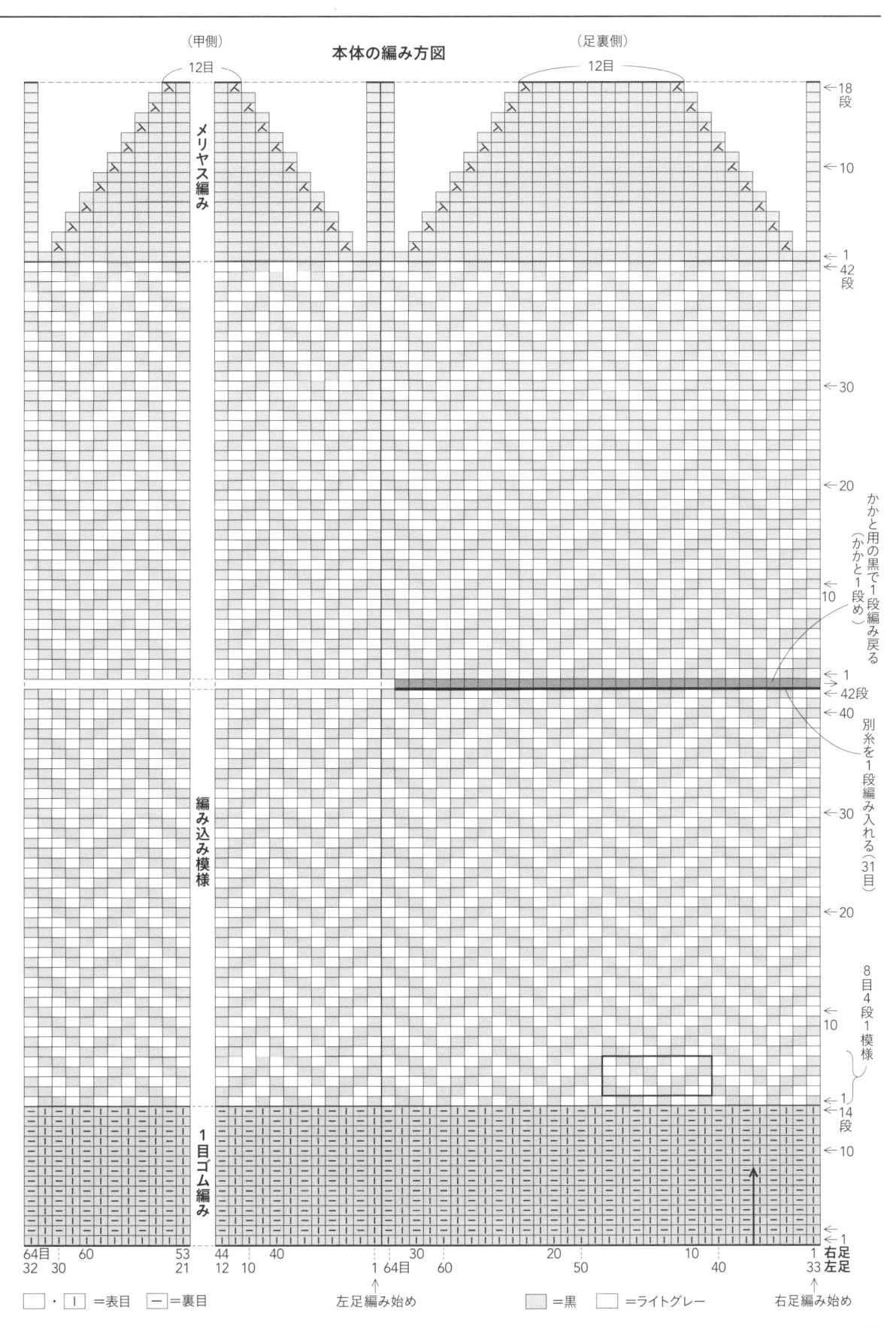

本体の編み方図

（甲側）　　　　　　　　（足裏側）

メリヤス編み

編み込み模様

1目ゴム編み

→18段
←10
←1
←42段
←30
←20
←10
←1
←42段
←40
←30
←20
←10
←1
←14段
←10
←1
←1

かかと用の黒で1段編み戻る（かかと1段め）

別糸を1段編み入れる（31目）

8目4段1模様

64目　60　53
32　30　　21

44　40
12　10

30　60
1　64目

20　50

10　40

1　右足
33　左足

□・Ⅰ=表目　　−=裏目　　　　　左足編み始め　　　▨=黒　□=ライトグレー　　　右足編み始め

a

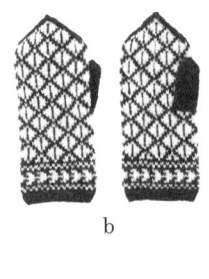

b

●材料と用具

糸…DARUMA　シェットランドウール（50g巻）
　a　マリンブルー（11）を30g、
　　　グレー（8）を25g
　b　チョコレート（3）を30g、生成り（1）を25g
針…3号・1号4本棒針または80cm輪針
　　（マジックループ用）
その他…別糸（休み目用）、とじ針

●ゲージ（10cm四方）
　A・B編み込み模様　29.5目32段
　メリヤス編み　25目40段

●でき上がり寸法
　手のひら回り19cm　たけ23cm

●編み方

糸は1本どりで、編み込み模様は裏側に糸を
渡す編み込みの方法で編みます。

1　本体は一般的な作り目で56目作って輪
　　にし、増減なく1目ゴム編みを編みます。

2　次にA編み込み模様を13段、B編み込
　　み模様を19段編んだら、親指位置に別
　　糸を編み入れます。

3　再びB編み込み模様で図のように目を
　　減らして編み、編み終わりは残りの目に
　　糸端を通して絞りどめます。

4　親指は別糸をほどいて目を拾い、図のよ
　　うに目を減らしながら輪に編んで、本体
　　と同じ要領で絞りどめます。

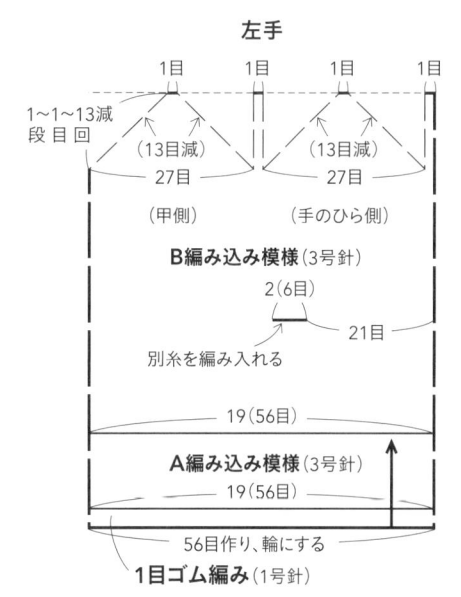

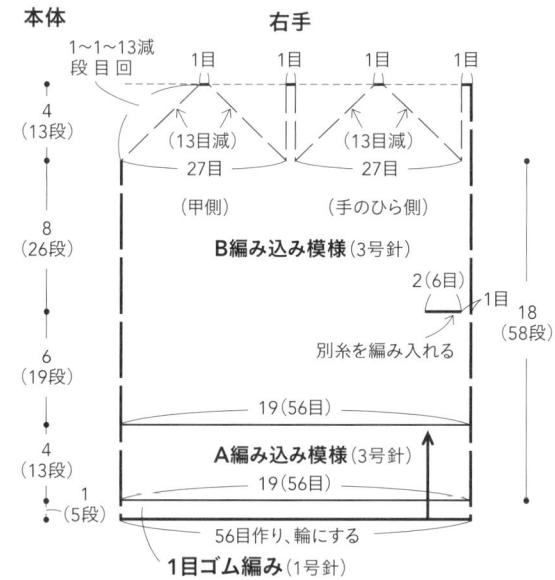

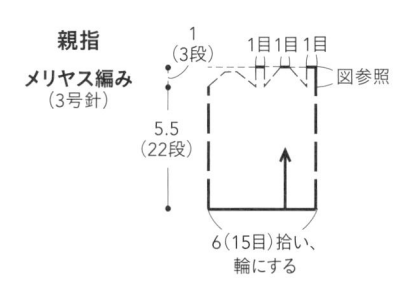

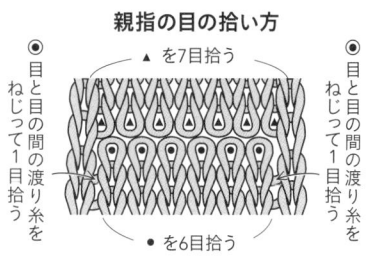

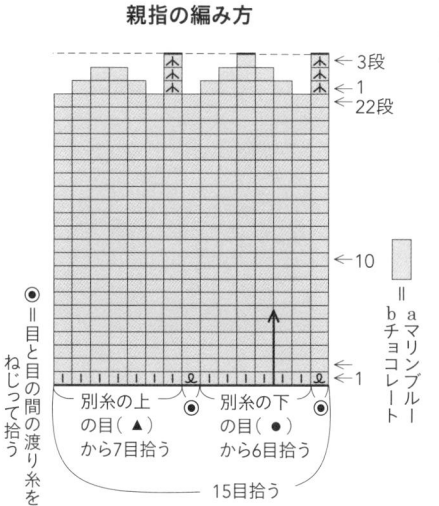

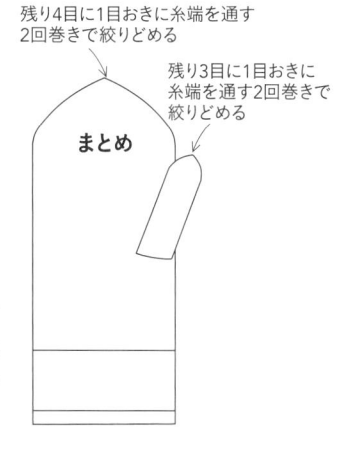

本体の編み方図

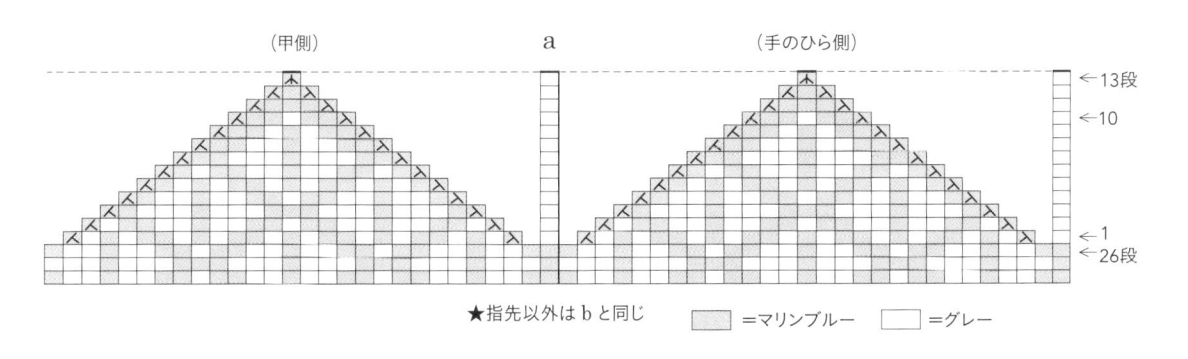

（甲側）　　　　　a　　　　　（手のひら側）

←13段
←10
←1
←26段

★指先以外は b と同じ　　　□＝マリンブルー　　□＝グレー

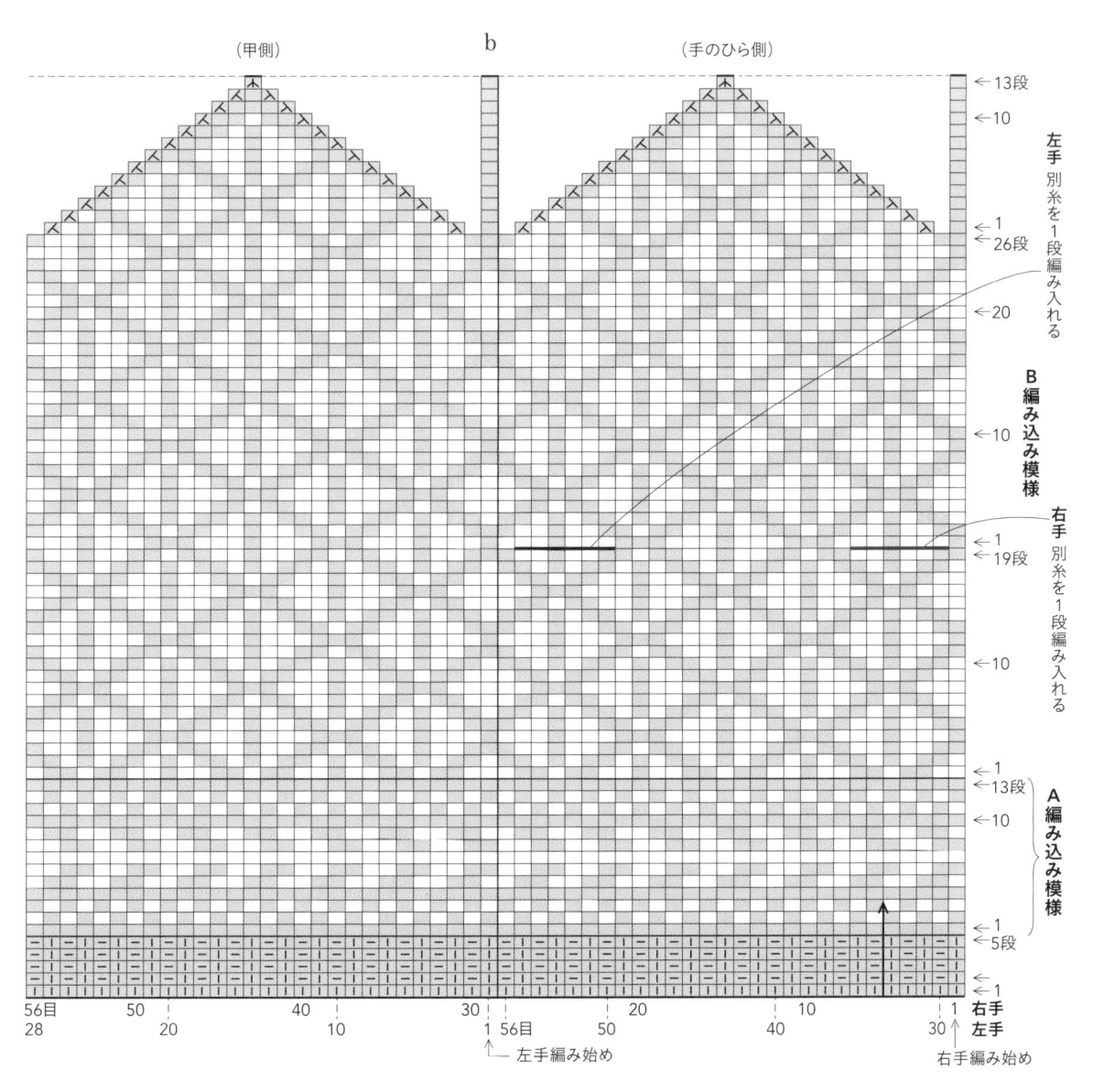

（甲側）　　　　　b　　　　　（手のひら側）

←13段
←10
←1
←26段
←20

左手　別糸を1段編み入れる

B 編み込み模様

←10

右手　別糸を1段編み入れる

←1
←19段

←10

←1
←13段
←10

A 編み込み模様

←1
←5段
←1

56目　50　　40　　30　56目　50　20　40　10　1　右手
28　　20　　10　　1　　　　　　　　　　　30↑左手
↑左手編み始め　　　　　　　右手編み始め

□・Ⅰ＝表目　　入＝右上2目一度　　木＝中上3目一度　　□＝a マリンブルー、b チョコレート
－＝裏目　　人＝左上2目一度　　Ω＝ねじり目　　□＝a グレー、b 生成り

61

a

b

●材料と用具
糸…リッチモア　パーセント（40g巻）
　　a　クリーム色（105）を60g、赤（74）を25g、
　　　　ピンク（72）・グレー（93）・サーモンピンク（115）を各15g、
　　　　パステルグリーン（16）を10g
　　b　モカ（84）60g、生成り（123）25g、
　　　　カーキ（29）・紫（62）・オレンジ色（87）を各15g、
　　　　茶色（76）を10g
針…3号2本棒針
その他…とじ針

●ゲージ（10cm四方）
　　編み込み模様 24.5目35段　模様編み 25目37.5段
●でき上がり寸法
　　たけ16.5cm　周囲58cm

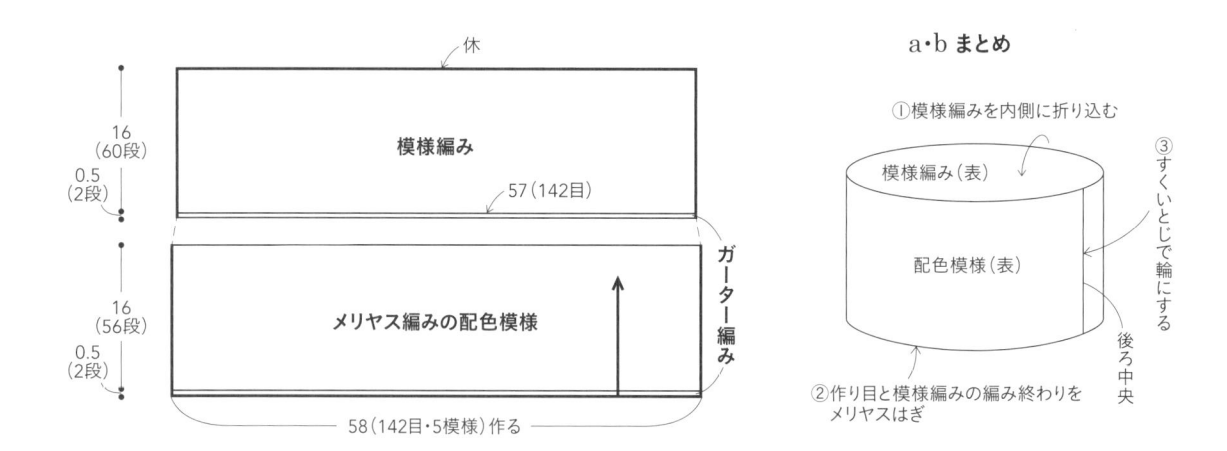

a・b まとめ

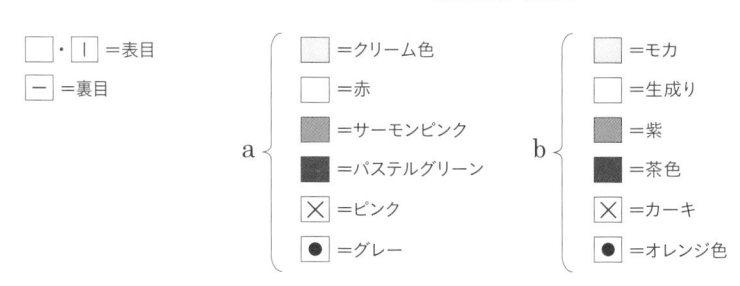

①模様編みを内側に折り込む
模様編み（表）
③すくいとじで輪にする
配色模様（表）
②作り目と模様編みの編み終わりを
　メリヤスはぎ
後ろ中央

配色模様の配色

□・｜＝表目		
－＝裏目		

a
　□＝クリーム色
　□＝赤
　■＝サーモンピンク
　■＝パステルグリーン
　☒＝ピンク
　●＝グレー

b
　□＝モカ
　□＝生成り
　■＝紫
　■＝茶色
　☒＝カーキ
　●＝オレンジ色

●**編み方** 糸は1本どりで、メリヤス編みの配色模様は裏側に糸を渡さない方法で編みます。

1　一般的な作り目で142目作り、ガーター編みに続けてメリヤス編みの配色模様で増減なく56段編みます。

2　次にガーター編みを2段編んだら模様編みにかえ、増減なく60段編んで休み目にします。

3　外表に二つ折りにし、編み始めと終わりをメリヤスはぎで合わせます。脇をすくいとじして輪にします。

編み方図

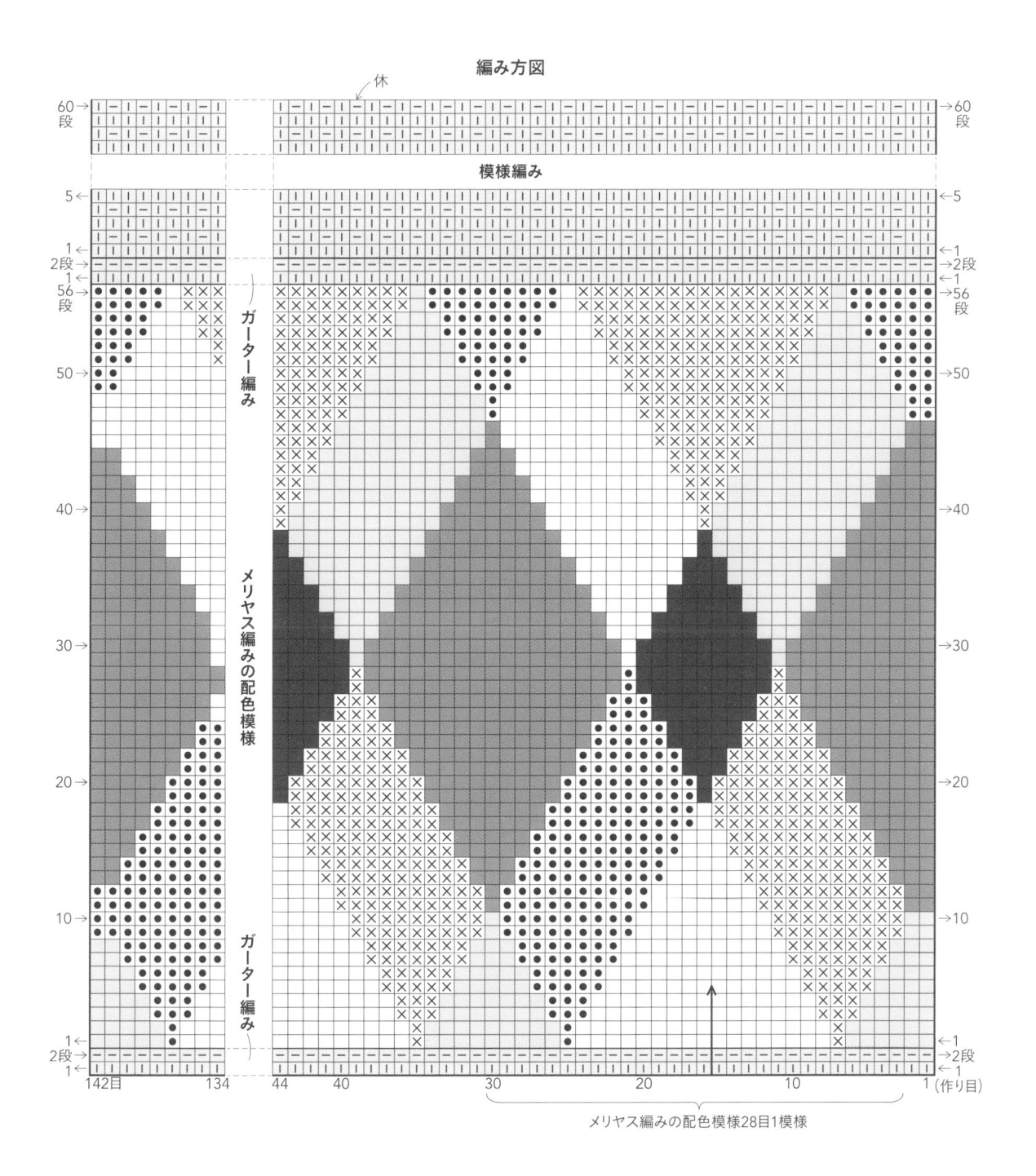

メリヤス編みの配色模様28目1模様

●材料と用具
糸…ハマナカ　コロポックル（25g巻）
　　ネイビー（17）を50g
針…0号4本棒針または80cm輪針
　　（マジックループ用）
その他…別糸（作り目・休み目用）、
　　　　別針（拾い目用）、とじ針

●ゲージ（10cm四方）
　模様編み・2目ゴム編み　29目41段
　メリヤス編み　29目45段
●でき上がり寸法
　底たけ21cm（足のサイズ約22～24cm）

●編み方
糸は1本どりで、かかと用の糸として約10m×2本を
取り分けておきます。

1　別糸の作り目で56目作って輪にし、1目ゴム編
　　みで増減なく10段編みます。次に模様編みに
　　かえて編みますが、1段めは作り目の別糸をほ
　　どいて目を拾い、1目ゴム編みの10段めと2目
　　一緒に編んでダブルにします。かかと位置は別
　　糸を26目編み入れ、さらにかかと用の糸で別
　　糸の上を編み戻って糸を休ませます（かかと1段
　　めを半分まで編んだことになる）。

2　続けて足裏側を2目ゴム編み、甲側は模様編み
　　を続けて編みます。つま先はメリヤス編みで図
　　のように目を減らして編んで休み目にします。

3　別糸をほどいて目を拾い、かかと用の糸で1段
　　めの続きから図を参照して編みます。

4　つま先とかかととの目をそれぞれメリヤスはぎで
　　合わせます。

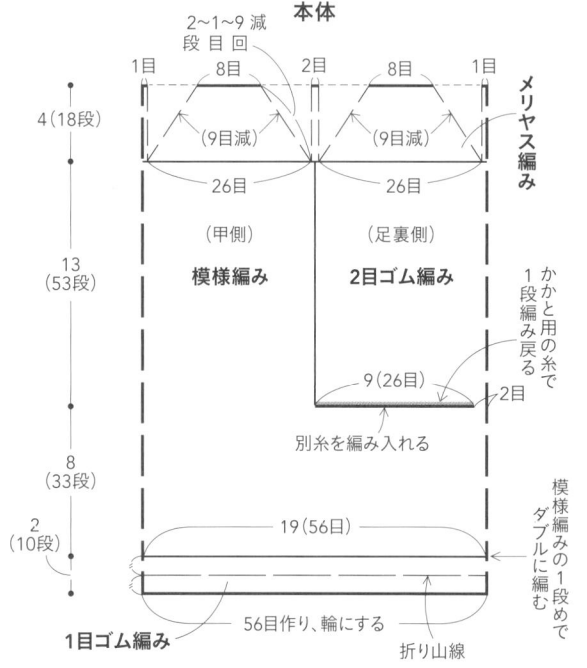

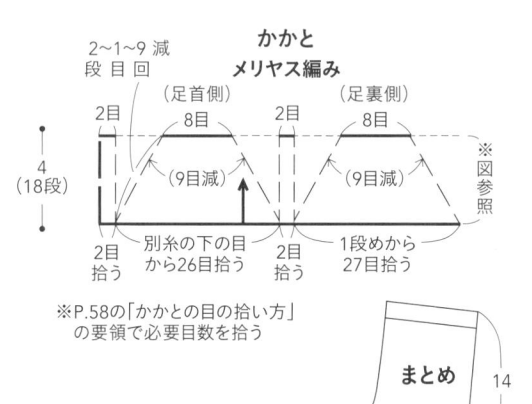

※P.58の「かかとの目の拾い方」
　の要領で必要目数を拾う

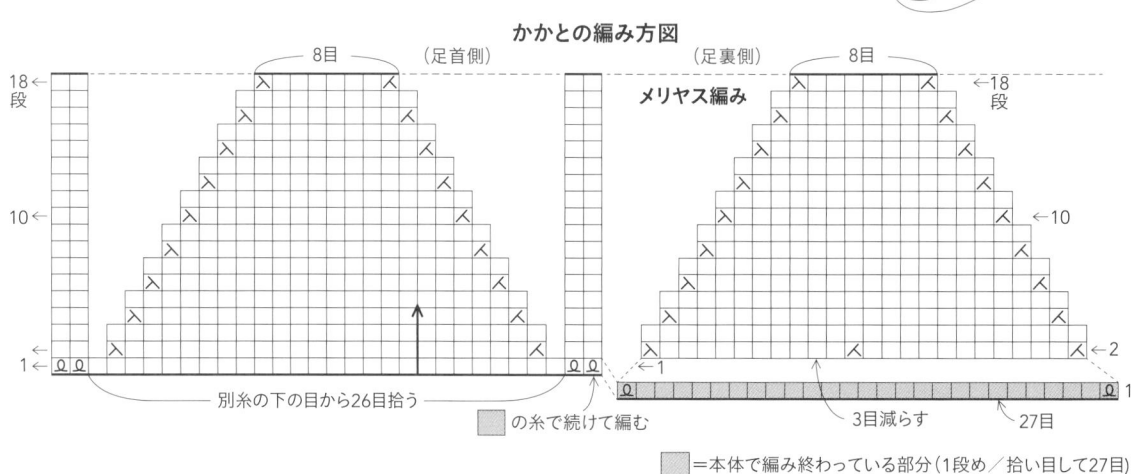

かかとの編み方図

□・│＝表目　　人＝右上2目一度　　○＝かけ目
－＝裏目　　人＝左上2目一度　　Ω＝ねじり目

本体の編み方図

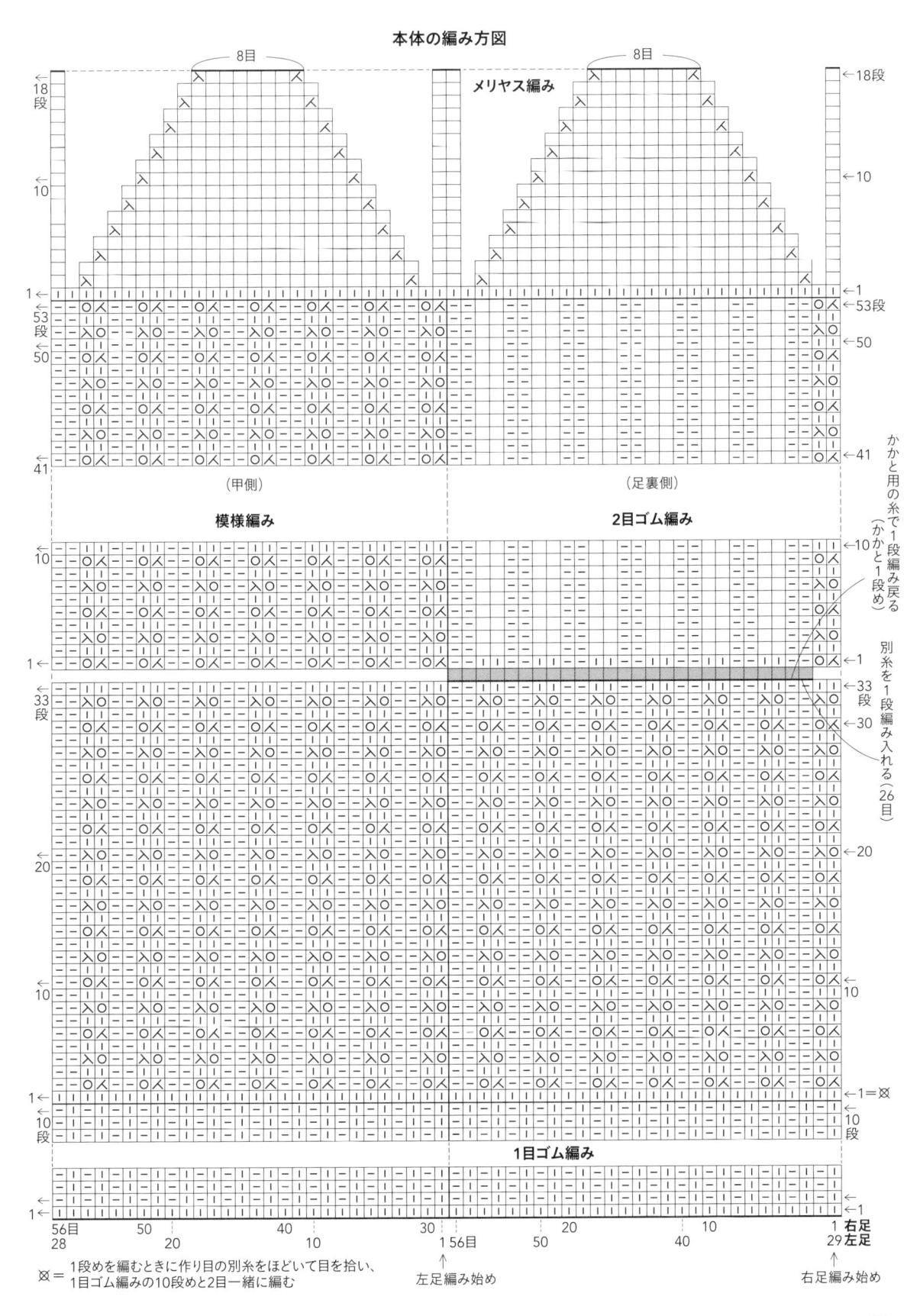

メリヤス編み

（甲側）　（足裏側）

模様編み　2目ゴム編み

かかと用の糸で1段編み戻る（かかと1段め）

別糸を1段編み入れる（26目）

1目ゴム編み

⊠ = 1段めを編むときに作り目の別糸をほどいて目を拾い、
1目ゴム編みの10段めと2目一緒に編む

左足編み始め　右足編み始め

65

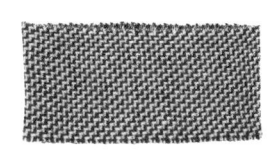

●材料と用具

糸…DMC　FEELING GOOD YARN（50g巻）
　　　キュラソーブルーを75g、
　　　ユーカリグリーンを70g

針…11号2本棒針

その他…とじ針

●ゲージ（10cm四方）　模様編み 19目32段
●でき上がり寸法　幅28cm　長さ120cm

●編み方

糸は1本どりで、2段ごとに色をかえて編みます。

1　一般的な作り目で53目作り、模様編み
　　で増減なく384段編んで休み目にします。

2　編み始めと編み終わりをメリヤスはぎで
　　合わせて輪にします。

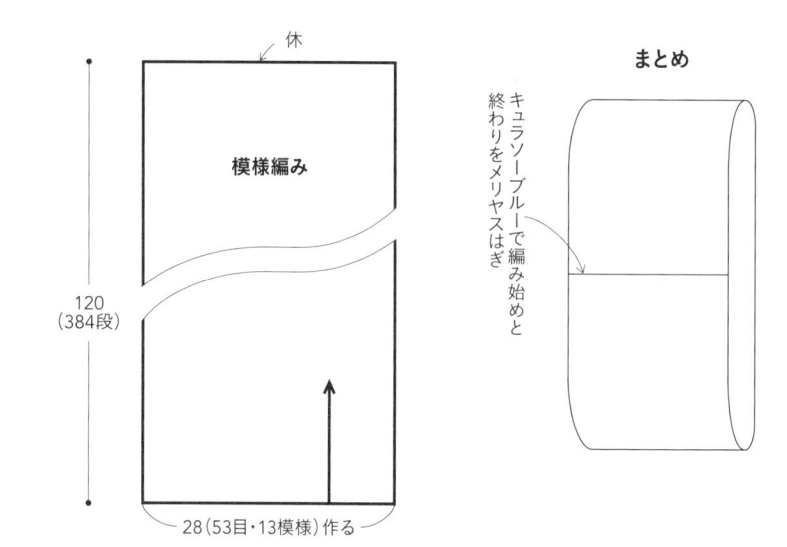

まとめ

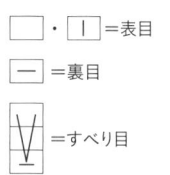

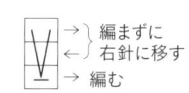

編み方図

★2段ごとに色をかえて編む。編み地を表側に返して糸をかえる場合、
編み終わった糸を向こう側におき、次に編む糸を下から手前に出す

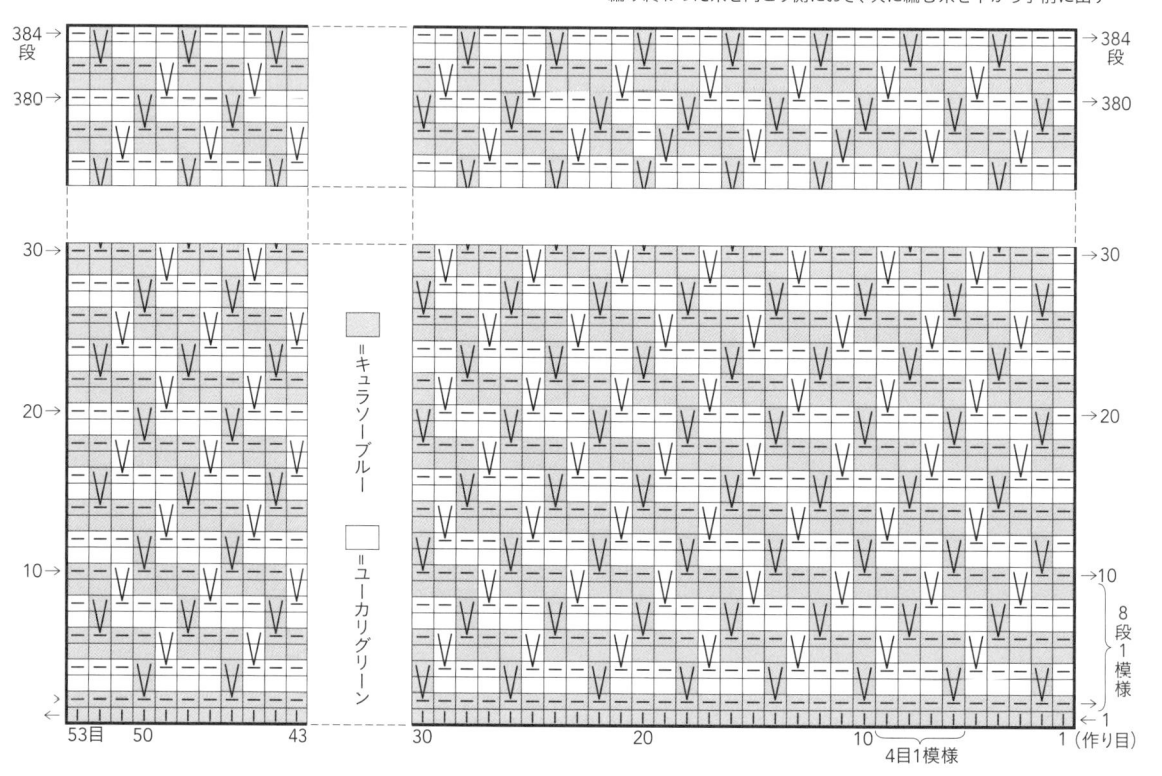

●材料と用具
糸…DARUMA　スーパーウォッシュメリノ（50g巻）
　　　ライム（2）を85g
針…0号4本棒針または80cm輪針（マジックループ用）
その他…とじ針

●ゲージ（10cm四方）
　　メリヤス編み 30目48段
　　A模様 36.5目48段
　　B模様 32.5目48段
　　C模様 30目60段

●でき上がり寸法
　　底たけ約21cm（足のサイズ約22〜24cm）

●編み方
糸は1本どりで編みます。

1　ジュディの作り目で13目作ります。つま
　　先のメリヤス編みは作り目で下側の目の
　　1段めは編み終えているので、上側の目
　　を編んで1段めを編み終わります。2段め
　　からは4カ所で目を増しながら編みます。

2　次に甲側はA模様、足裏側はB模様に
　　かえ、足裏側は32段編んだら両端を
　　メリヤス編みで目を増しながら30段編み、
　　A模様とメリヤス編みの目を休めます。

3　かかとはメリヤス編みの引き返し編みと
　　C模様で往復に編みますが、C模様は
　　休めておいた目と2目一度でつなぎなが
　　ら編みます。

4　再びA模様とB模様で60段、ねじり1目
　　ゴム編みで14段増減なく輪に編んで伏
　　せどめます。

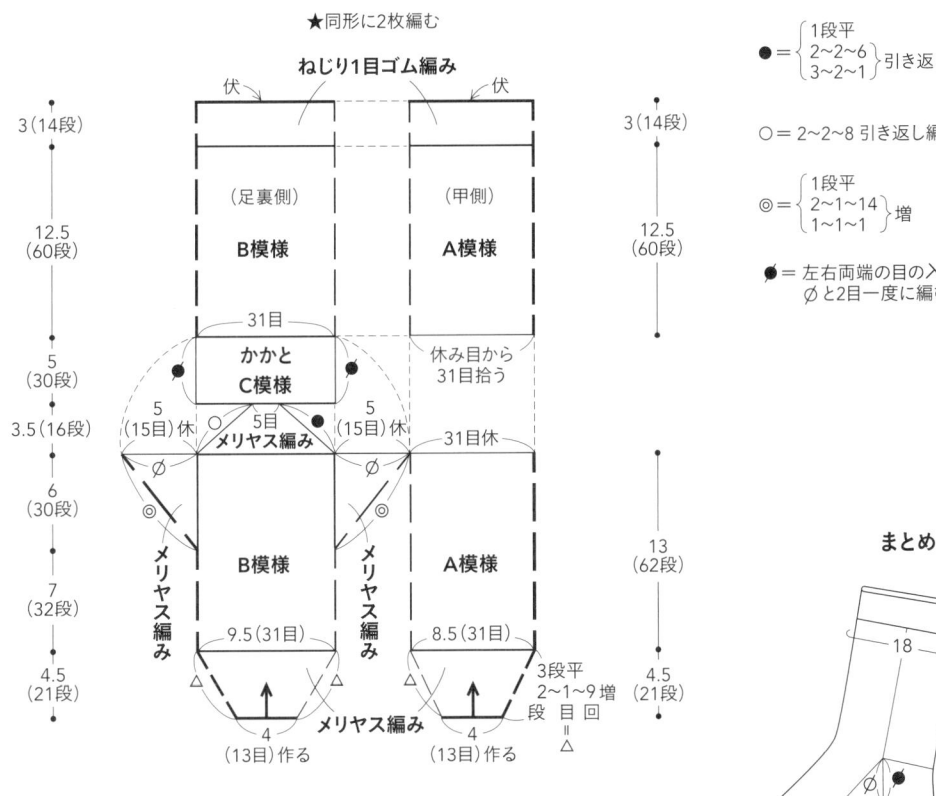

★同形に2枚編む

● = { 1段平 / 2〜2〜6 / 3〜2〜1 } 引き返し編み

○ = 2〜2〜8 引き返し編み

◎ = { 1段平 / 2〜1〜14 / 1〜1〜1 } 増

❶ = 左右両端の目の入・人は ∅ と2目一度に編む

まとめ

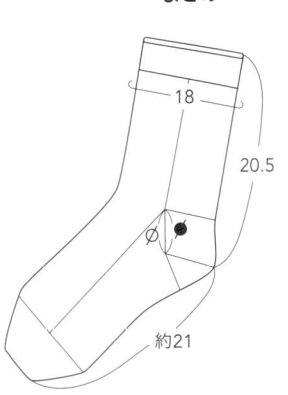

★編み終わりは前段と同じ目を編みながら伏せどめる

編み方図

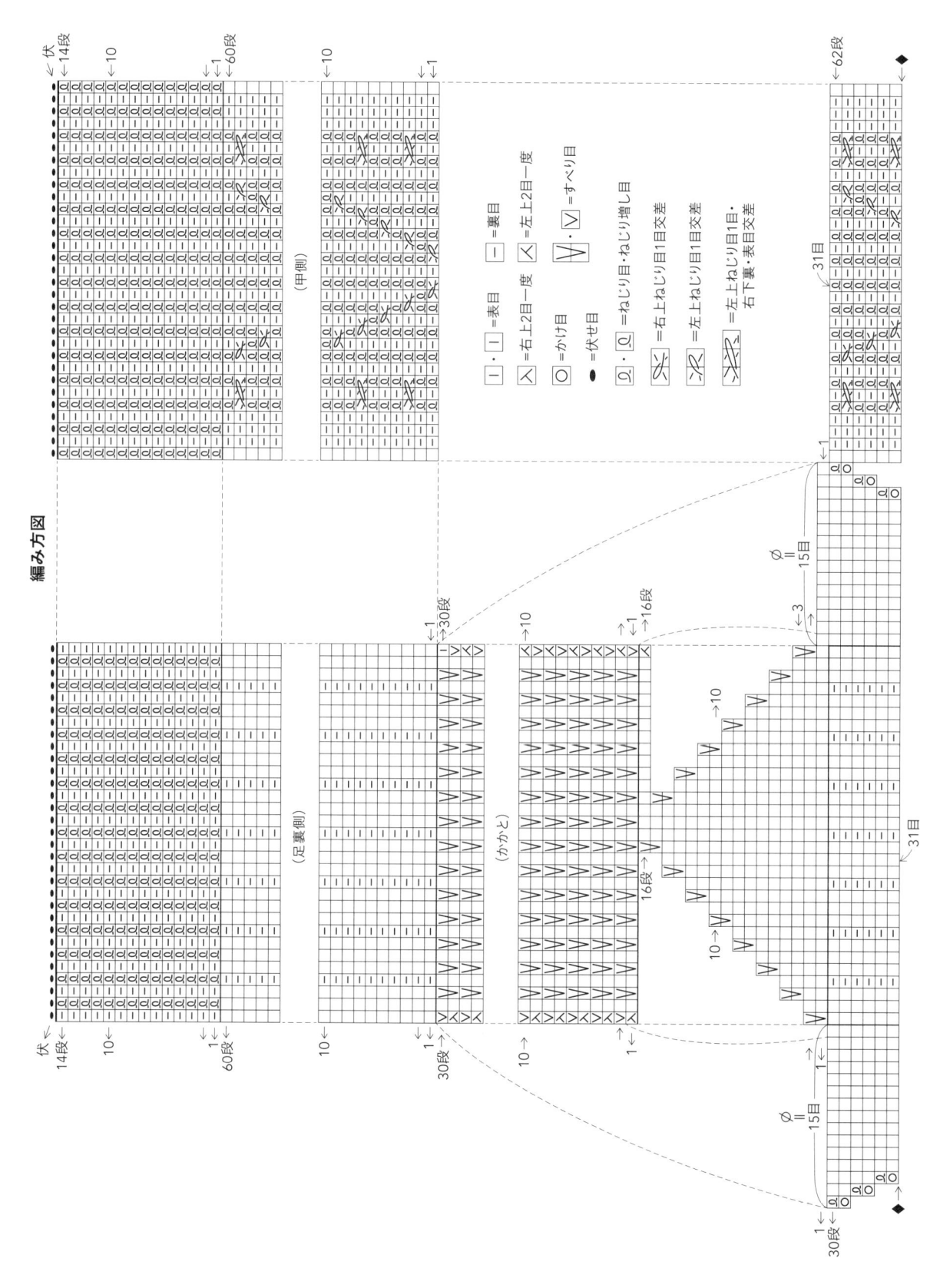

凡例:

	・		=表目	ー =裏目
人 =右上2目一度	入 =左上2目一度
〇 =かけ目		V |・| V	=すべり目
● =伏せ目
Q ・	Q	=ねじり目・ねじり増し目
米 =右上ねじり目1目交差
米 =左上ねじり目1目交差
米 =左上ねじり目1目・右下裏・表目交差

（甲側）

（足裏側）

（かかと）

62段
31目
∅=15目
31目
∅=15目

60段
14段
10
1
60段

30段
16段
10

68

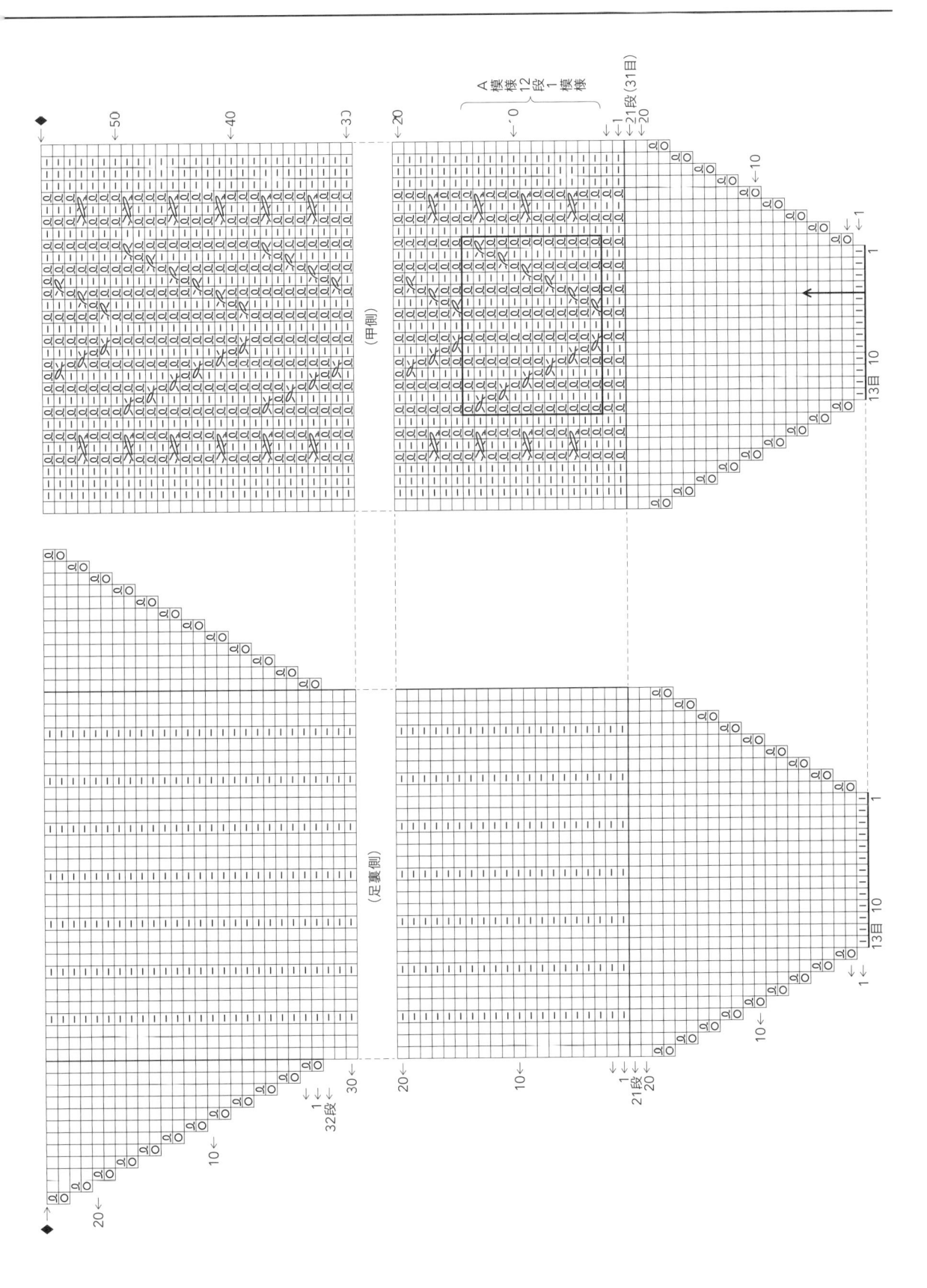

作り目

●一般的な作り目　※指定の針より1号大きい針で作り目をすると、作り目がきつくならずきれいに仕上がる。

1

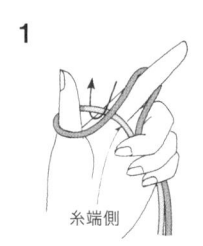

編み幅の約3.5倍の糸端を残し、糸を指にかけて矢印のように針を入れる。

2

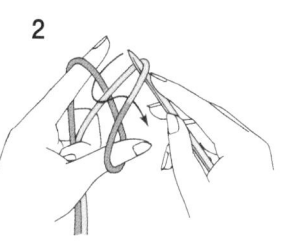

人さし指の糸をすくい、親指側にできている輪にくぐらせる。

3

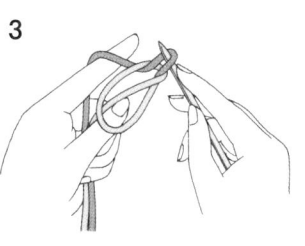

親指にかかっている糸をはずす。

4

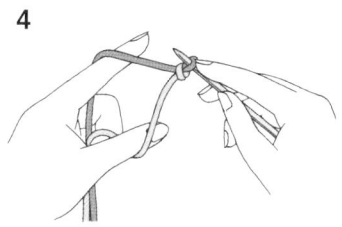

糸端側の糸を親指にかけて引く。

5

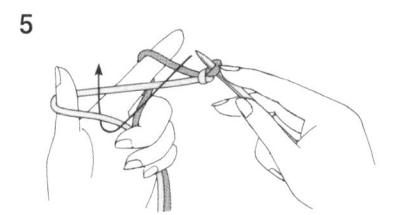

親指側から矢印のように針を入れる。

6

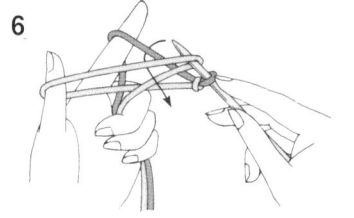

人さし指にかかっている糸を針ですくい、輪にくぐらせる。

7

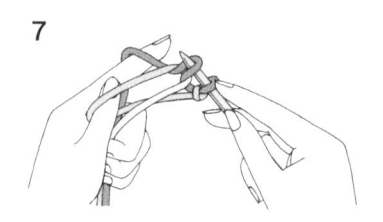

糸を引き出し、親指の糸をはずす。

8

親指に糸をかけて引く。

9

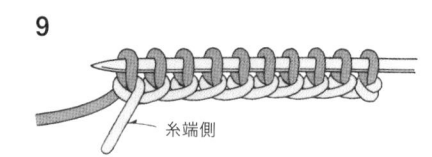

5〜8をくり返し、必要目数を作る（表目1段になる）。

●別糸の作り目　※別糸はすべりのよい編み出し糸などを使い、鎖編みはゆるめに編む。

1

別糸で、鎖編みを「必要目数+1目」編む（端の目は拾いにくいため）。

2

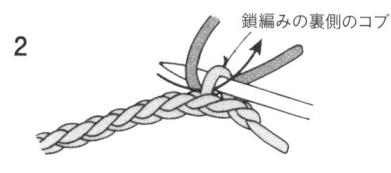

鎖編みの編み終わり側2目めの裏山（裏側のコブ）に針を入れて糸を引き出す。

3

2をくり返し、必要目数を作る。

4

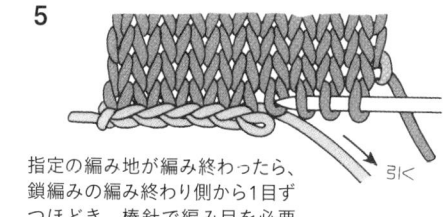

これが1段めになる。

ほどくときは、裏側のコブを引き出して引っぱる

5

指定の編み地が編み終わったら、鎖編みの編み終わり側から1目ずつほどき、棒針で編み目を必要目数拾う（最後のループも拾う）。

●ジュディの作り目　※ジュディ・ベッカーさんが考案した輪針で作る作り目で、輪針で底側から袋状のものを編むときに便利。

1

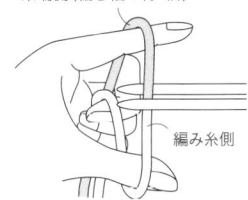

糸端側（編む幅の約4倍）

編み糸側

糸を図のように指にかけ、輪針の2本の針で挟むようにして上側の針にかける。

2

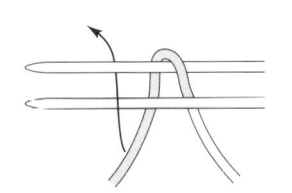

糸端側の糸を矢印のように下側の針にかける。

3

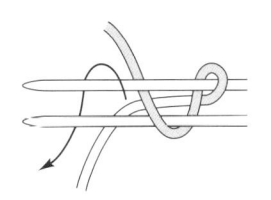

続けて編み糸側の糸を矢印ように上側の針にかける。

4

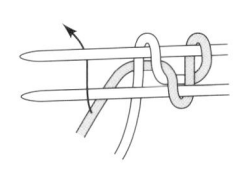

糸端側の糸を矢印のように下側の針にかける。

5

3目

3目できたところ。続けて必要な目数になるまで、3・4をくり返す。

6

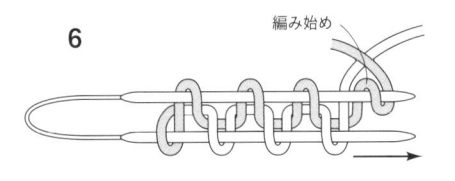

編み始め

針の天地を変えて左手に持ち、下側になった針を矢印の方向に引き出して1段めを編む。下側の目はすでに1段めが編めている状態で、上側の針の目を編むと1段めが編み終わる。

●編みながら作る作り目　※編みながら作れるため、編み地の途中で増し目をする場合にも便利。ゆるめに仕上がる。

1

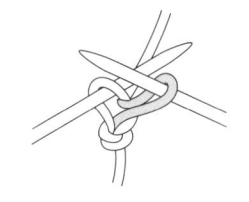

一般的な作り目1～4で1目作り、右針を表目を編む要領で入れて糸を引き出す。

2

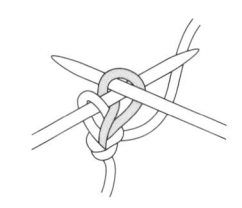

引き出してできた新しい目を左針にかける。続けて、新しい目に右針を入れて糸を引き出し、左針にかけることをくり返して必要目数を作る。

●ケーブルキャストオンの作り目

1

編みながら作る作り目で2目作り、1目めと2目めの間に右針を入れる。

2

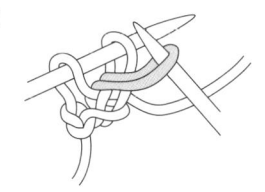

針に編み糸をかけ、表目を編むように糸を引き出す。

3

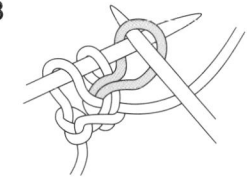

引き出してできた新しい目を左針にかける。続けて、新しい目と隣の目に右針を入れ、同様にくり返して必要目数を作る。

表目
`| |`

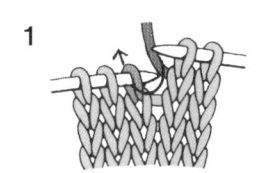 1
糸を向こう側におき、右針を矢印のように手前側から入れる。

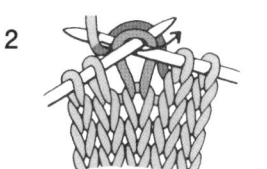 2
右針に糸を下から上にかけ、手前側に引き出す。

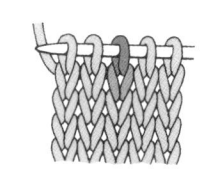 3
左針から目をはずす。表目が1目編めたところ。

裏目
`—`

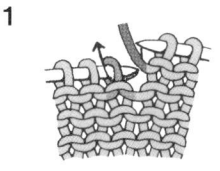 1
糸を手前側におき、右針を矢印のように向こう側から入れる。

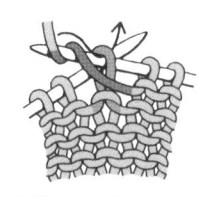 2
右針に糸を上から下にかけ、向こう側に引き出す。

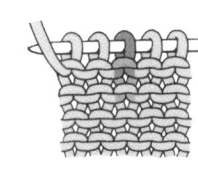 3
左針の目をはずす。裏目が1目編めたところ。

かけ目
`O`

 1
右針に糸を手前からかける。これがかけ目になる。

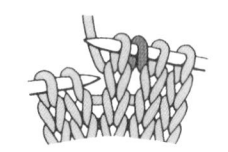 2
次の目は、かけた糸を右手の人さし指で押さえながら編む。

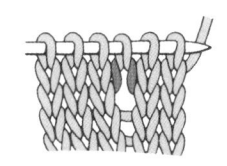 3
次の段が編めたところ。かけた目のところに穴があく。

右上2目一度
`入`

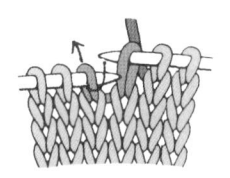 1
左針の1目に右針を手前から入れ、編まずに移す。次の目を表目で編む。

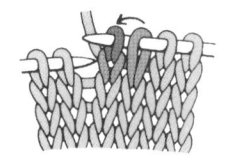 2
編まずに移した目に左針を入れ、編んだ目にかぶせる。

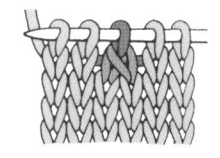 3
右の目が左の目の上に重なる。

左上2目一度
`人`

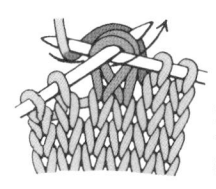 1
左針の2目に右針を一度に入れ、表目を編む。

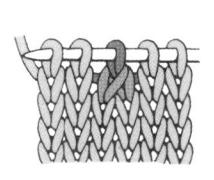 2
左の目が右の目の上に重なる。

中上3目一度
`木`

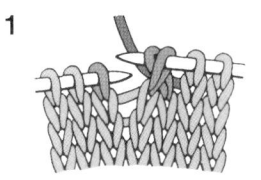 1
表目を編む要領で左針の2目に一度に針を入れ、右針に移す。

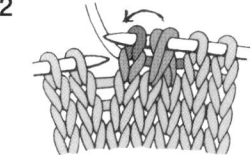 2
次の目を表目で編み、編まずに移した2目に左針を入れて編んだ目にかぶせる。

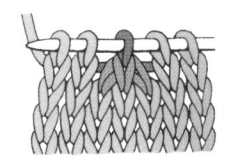 3
中央の目が上に重なる。

右上3目一度

1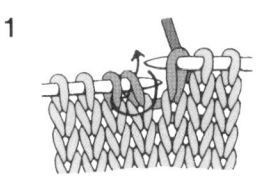

表目を編む要領で左針の1目に針を入れて右針に移す。次の2目を左上2目一度に編む。

2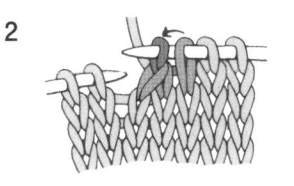

編まずに移した目に左針を入れ、左上2目一度に編んだ目にかぶせる。

3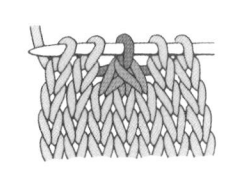

右端の目が上に重なる。

左上3目一度

1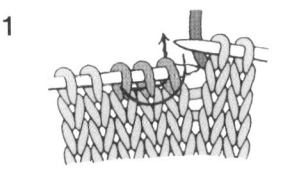

左針の3目に右針を一度に入れる。

2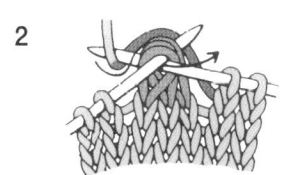

3目を一度に表目で編む。

3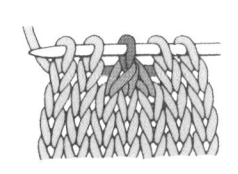

左端の目が上に重なる。

右上2目一度（裏目）

1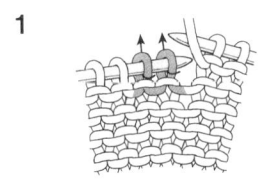

左針の2目に1目ずつ矢印のように右針を入れ、編まずに移す。

2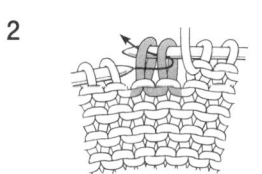

移した2目に矢印のように左針を一度に入れて戻し、目を入れ替える。

3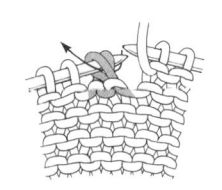

右針を向こう側から2目一度に入れる。

4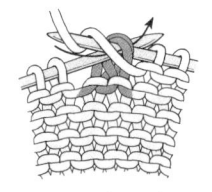

2目を一度に裏目で編む。

左上2目一度（裏目）

 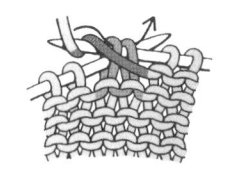

左針の2目に右針を向こう側から一度に入れ、裏目を編む。

編み出し増し目

1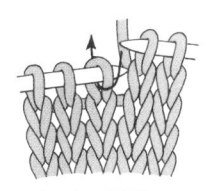

表目を1目編む。

2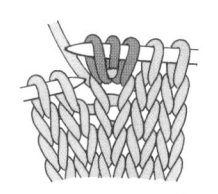

左針に目をかけたままかけ目をし、続けて同じ目に右針を入れて表目を編む。

3

1目から3目編み出したところ。

ねじり目

1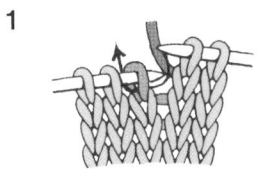

右針を矢印のように向こう側から入れる。

2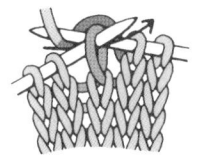

表目の要領で編む。

3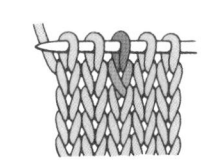

目がねじれる。

ねじり増し目 （右側） 	**1** 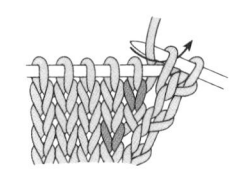 右針で目と目の間の渡り糸を矢印のようにすくい、左針にかける。	**2** 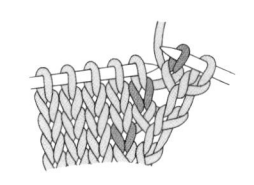 すくった目を表目の要領で編む。	**3** 1目増えた状態。目は右側の糸が上に重なるようにねじれる。

| ねじり増し目
（左側）
 | **1** 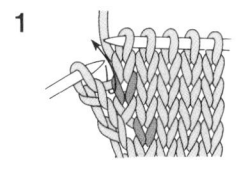
左針で目と目の間の渡り糸を矢印のようにすくう。 | **2** 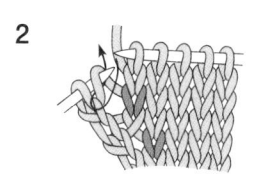
すくった目に右針を矢印のように入れ、表目の要領で編む。 | **3** 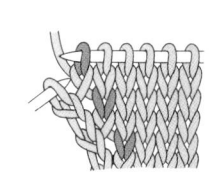
1目増えた状態。目は左側の糸が上に重なるようにねじれる。 |

巻き増し目

● 目と目の間で増す場合

1 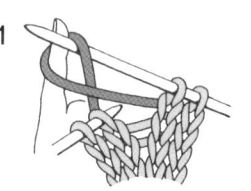 人さし指に編み糸を図のように巻きつけ、右針に移す。	**2**  針に巻きついた目が巻き目になる。	**3** 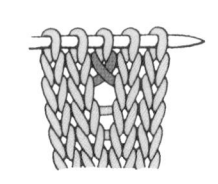 次の段を編んだところ。

● 端で増す場合
（右側）

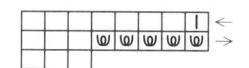

1 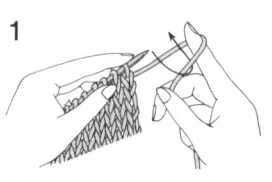 右手の人さし指に糸をかけ、左針を矢印のように入れて糸をすくい、巻き目を作る。	**2** 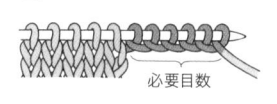 1をくり返して必要目数を作る。	**3** 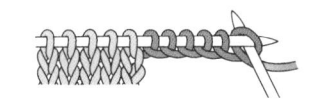 次の段は図のように針を入れて編む。

● 端で増す場合
（左側）

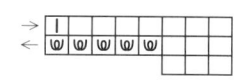

1 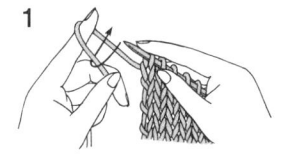 左手の人さし指に糸をかけ、右針を矢印のように入れて糸をすくい、巻き目を作る。	**2**  1をくり返して必要目数を作る。	**3** 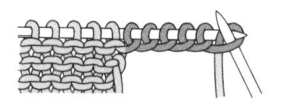 次の段は編み地を裏返して、図のように針を入れて編む。

右上3目交差

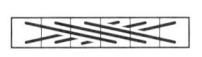

※目数が変わっても
同じ要領。裏目の
場合は裏目で編む。

1

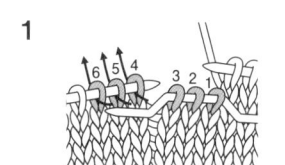

交差する右側3目を別針（なわ編み
針）にとって手前側に休め、左側の
3目を表目で編む。

2

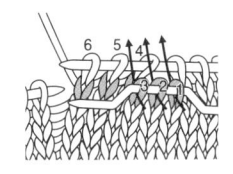

別針にとった3目を
表目で編む。

3

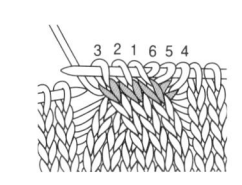

右側の3目が上に交差する。

左上3目交差

目数が変わっても同
じ要領。裏目の場合
は裏目で編む。

1

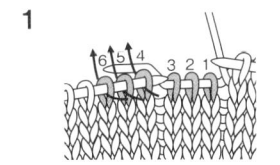

交差する右側3目を別針（なわ編み
針）にとって向こう側に休め、左側
の3目を表目で編む。

2

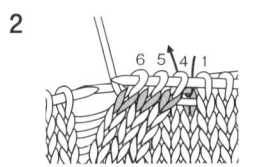

別針にとった3目を
表目で編む。

3

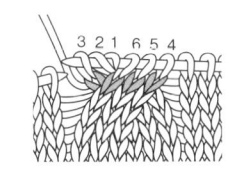

左側の3目が上に交差する。

すべり目

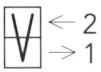

←2
→1

1

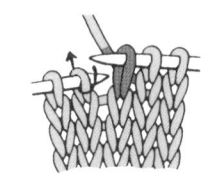

1段めを編んだら2段めは糸を向こう側
におき、左針の1目に右針を向こう側か
ら入れて編まずに移す。次の目を編む。

2

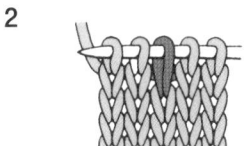

移した目（1段め）が引き
上がり、裏側に糸が渡る。

3

●裏目の場合

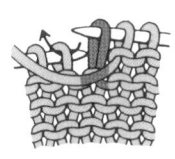

糸を手前側におき、左針の1目に
右針を向こう側から入れて編まず
に移す。次の目を編む。

引き上げ目
（表目）

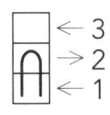

←3
→2
←1

※輪で編む場合も
同じ要領。

1

かけ目　すべり目

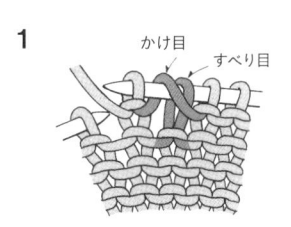

1段めは表目を編み、2段めです
べり目とかけ目をする。

2

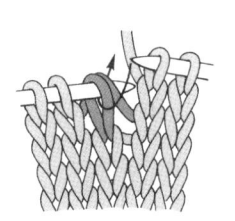

3段めですべり目とかけ目
を一緒に表目で編む。

3

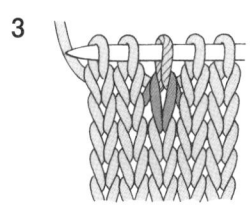

編めたところ。

引き上げ目
（裏目）

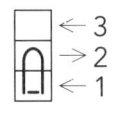

←3
→2
←1

※輪で編む場合も
同じ要領。

1

かけ目　すべり目

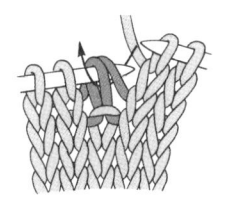

1段めは裏目を編み、2段めです
べり目とかけ目をする。

2

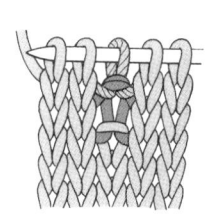

3段めですべり目とかけ目
を一緒に裏目で編む。

3

編めたところ。

編み込み模様の編み方

横縞模様

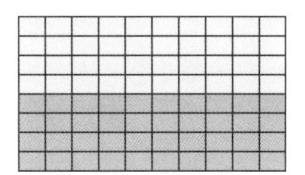

1

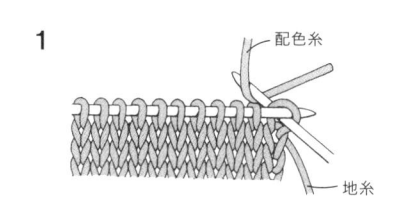

指定の位置にきたら地糸を休ませ、配色糸にかえて編む。

2

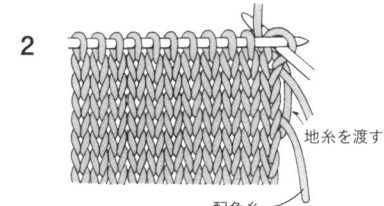

配色糸を休ませて再び地糸で編むときは、編み地がつれないようにしながら縦に糸を渡して編む。

裏側に糸を渡す方法

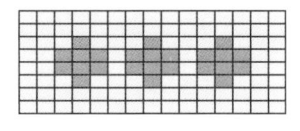

※輪で編む場合も同じ要領。

1

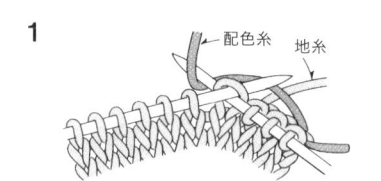

2

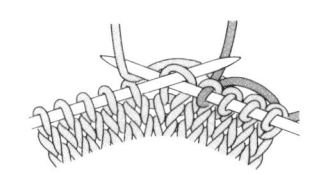

段の編み始めに地糸で配色糸を挟むか結んで編み進み、指定位置まで編み地の裏側に糸を渡す。配色糸で編むときは地糸を下に、地糸で編むときは配色糸を上にして休ませ、糸を渡して編む。

3

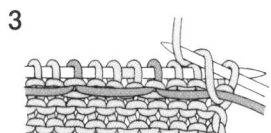

4

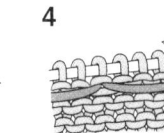

配色糸を端まで渡して地糸に挟み込み、次の段を編み始める。表側と同様に配色糸で編むときは地糸を下に、地糸で編むときは配色糸を上にして休め、糸を渡して編む。

5

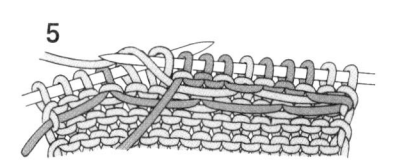

編み地がつれないよう、ゆるめに糸を渡す。糸の渡し方は地糸が上、配色糸が下でもよいが、上下どちらかに統一する。

配色模様の編み方

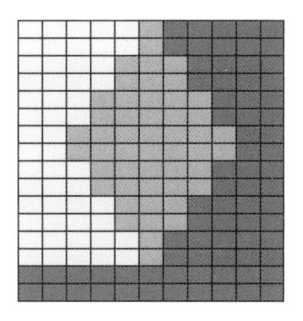

※裏で糸を渡さない方法で編む。1段で同じ色を何色も使う場合は、あらかじめ糸を分けておく。

1
1段め

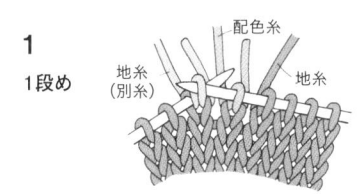

配色糸の位置にきたら地糸を休ませ、配色糸をつけて編む。次に地糸で編むときは、別の地糸をつけて編む。

2
2段め

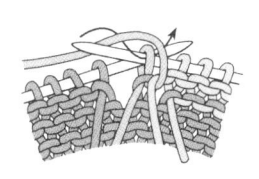

地糸で編み進み、配色糸にかえるときは休める地糸を左側におき、配色糸を下から持ち上げて交差させて編む。

3
3段め

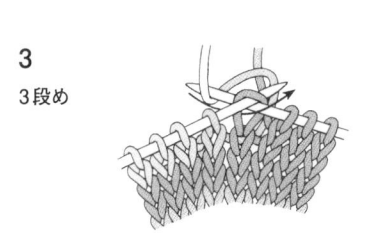

3段め以降も2段めと同様に、糸をかえるときは休める目を左側におき、次に編む糸を下から持ち上げて交差させて編む。

4

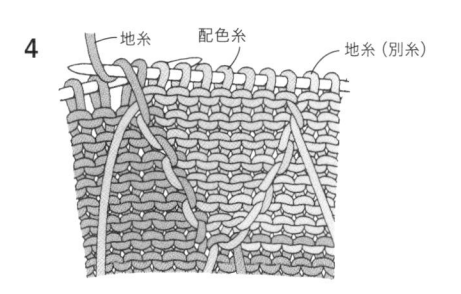

くり返して編んだところ。

引き返し編み（2段ごとに編み残す場合）　　※編み終わり側で目を残して編み進むので、左右で1段ずれる。

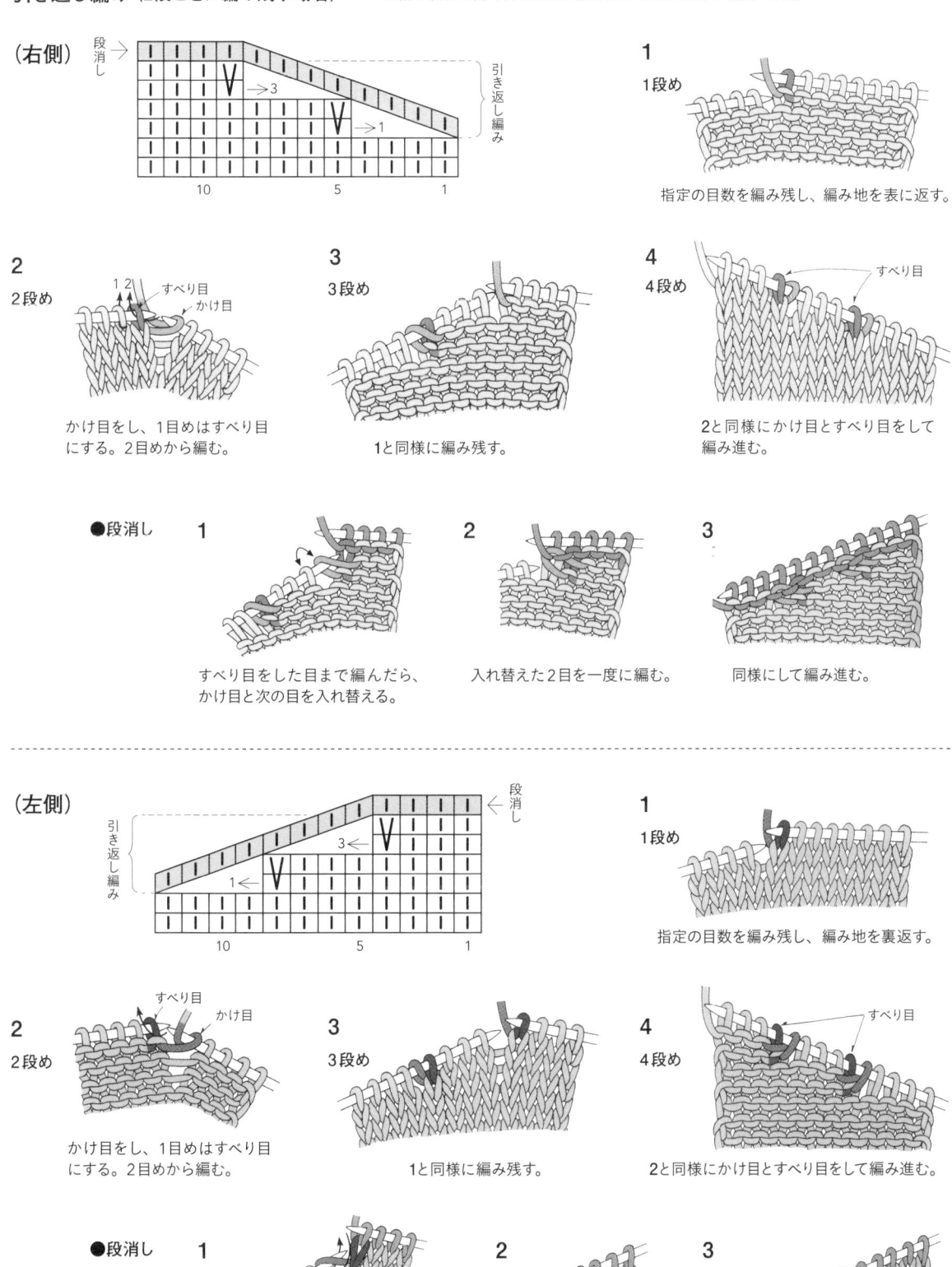

（右側）

1
1段め
指定の目数を編み残し、編み地を表に返す。

2
2段め
かけ目をし、1目めはすべり目にする。2目めから編む。

3
3段め
1と同様に編み残す。

4
4段め
2と同様にかけ目とすべり目をして編み進む。

●段消し

1
すべり目をした目まで編んだら、かけ目と次の目を入れ替える。

2
入れ替えた2目を一度に編む。

3
同様にして編み進む。

（左側）

1
1段め
指定の目数を編み残し、編み地を裏返す。

2
2段め
かけ目をし、1目めはすべり目にする。2目めから編む。

3
3段め
1と同様に編み残す。

4
4段め
2と同様にかけ目とすべり目をして編み進む。

●段消し

1
すべり目をした目まで編んだら、かけ目と次の目に右針を一度に入れる。

2
2目一度に編む。

3
同様にして編み進む。

伏せ目（棒針）

※目がきつくならない
ようにする。裏目
の場合も同じ要領。

1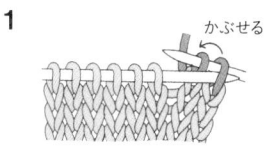

端から2目表目で編み、1目めを
2目めにかぶせる。

2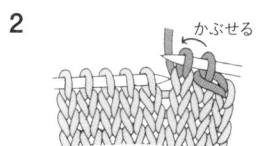

3目めも表目で編み、2
目めをかぶせる。

3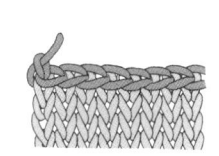

表目を編んでかぶせることをくり返し、
編み終わりは図のように糸端を引き抜く。

とじ・はぎ・その他

メリヤスはぎ　※はぐ糸は編み地の幅の約3.5倍を用意する。編み地の片側が作り目の場合も同じ要領。

1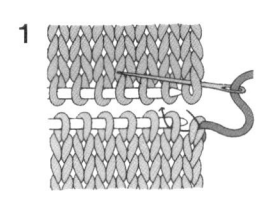

手前側の編み地の端の目に裏
側から糸を出し、向こう側の端
の目に矢印のように針を入れる。

2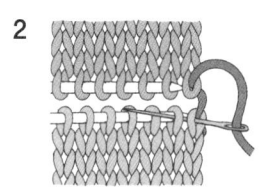

手前側の端の目に戻り、表
側から針を入れて2目めの
表側に針を出す。

3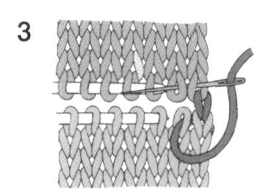

向こう側の端の目に表側か
ら針を入れ、2目めの表側
に針を出す。

4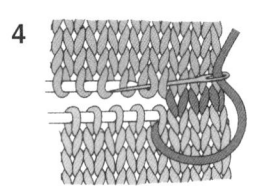

2・3をくり返し、編み地の手前
側はハの字に、向こう側はV
の字に針を入れてすくう。

裏メリヤスはぎ

1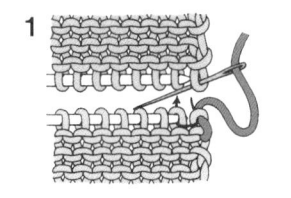

手前側の編み地の端の目に糸を
通し、向こう側の端の目に表側か
ら針を入れる。手前側の編み地
に戻り、矢印のように針を入れる。

2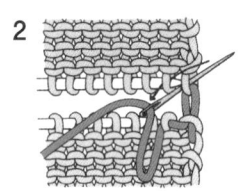

向こう側の端の目に戻り、
裏側から表側に針を出し、2
目めの表側から針を入れて
裏側に出す。

3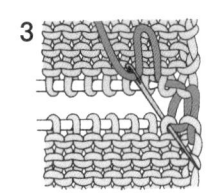

1・2をくり返す。

4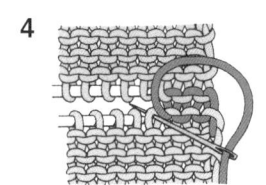

1つの目に2回ずつ針を入れ
て裏目を作っていく。編み目
と同じ大きさにそろうように
糸を引く。

すくいとじ

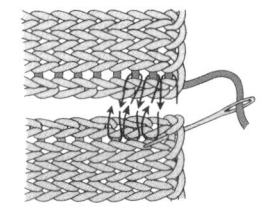

両側の1目めと2目めの間の糸を
交互にすくう。糸は1針ごとに引
き締めると仕上がりがきれい。

別糸の編み入れ方　※別糸を編み入れたあと、親指もしくはかかと用の糸で
編み戻る指示がある場合はそのように編む。

1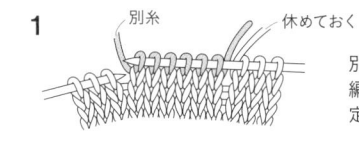

別糸　　休めておく

別糸の編み入れ位置まできたら、
編んでいた糸を休め、別糸で指
定の目数を編む。

2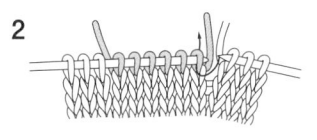

別糸で編んだ目を左針に移し、別糸
の上から続きを編む（別糸で編んだ目
は1段と数えない）。

3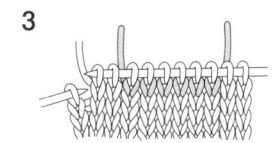

続けて図の通りに編み進む。

この本で使用した糸

DARUMA

シェットランドウール

仕立て　50g巻／約136m
太　さ　合太タイプ
素　材　ウール（シェットランドウール）
　　　　100%
　針　　5〜7号（6/0〜7/0号）
ゲージ　20〜21目27〜28段

スーパーウォッシュメリノ*

仕立て　50g巻／約145m
太　さ　合細タイプ
素　材　ウール（エクストラファインメリノ・
　　　　防縮加工）100%
　針　　2〜3号・ソックス0〜1号（3/0〜
　　　　4/0号）
ゲージ　28〜28.5目41〜42段
＊靴下用ソックヤーン

チェビオットウール

仕立て　50g巻／約92m
太　さ　並太タイプ
素　材　ウール（チェビオットウール）
　　　　100%
　針　　7〜8号（7/0〜8/0号）
ゲージ　18〜19目25〜26段

DMC

WOOL AND THE GANG FEELING GOOD YARN

仕立て　50g巻／約130m
太　さ　極太タイプ
素　材　アルパカ70%・ナイロン23%・
　　　　ウール7%
　針　　9〜10号
ゲージ　14目23段

パピー

ブリティッシュファイン

仕立て　25g巻／約116m
太　さ　中細タイプ
素　材　ウール100%
　針　　3〜5号（3/0〜5/0号）
ゲージ　25〜26目33〜34段

シェットランド

仕立て　40g巻／約90m
太　さ　並太タイプ
素　材　ウール（英国羊毛）100%
　針　　5〜7号（5/0〜7/0号）
ゲージ　21〜22目29〜30段

モナルカ

仕立て　50g巻／約89m
太　さ　極太タイプ
素　材　アルパカ70%・ウール30%
　針　　8〜10号（8/0〜10/0号）
ゲージ　17〜18目23〜24段

フォルトゥーナ

仕立て　25g巻／約106m
太　さ　中細タイプ
素　材　カシミヤ100%
　針　　5〜6号（5/0〜6/0号）
ゲージ　24〜25目33〜34段

ハマナカ

アメリー

仕立て　40g巻／約110m
太　さ　並太タイプ
素　材　ウール（ニュージーランドメリノ）70%・
　　　　アクリル30%
　針　　6〜7号（5/0〜6/0号）
ゲージ　19〜20目27〜28段

コロポックル

仕立て　25g巻／約92m
太　さ　中細タイプ
素　材　ウール40%・アクリル30%・
　　　　ナイロン30%
　針　　3〜4号（3/0号）
ゲージ　25〜26目・30〜31段

ソノモノ　ロイヤルアルパカ

仕立て　25g巻／約105m
太　さ　並太タイプ
素　材　アルパカ（ロイヤルベビーアルパカ）
　　　　100%
　針　　7〜8号（6/0号）
ゲージ　21〜22目31〜32段

リッチモア

パーセント

仕立て　40g巻／約120m
太　さ　合太タイプ
素　材　ウール100%
　針　　5〜7号
ゲージ　22目30段

スペクトルモデム

仕立て　40g巻／約80m
太　さ　極太タイプ
素　材　ウール100%
　針　　8〜10号
ゲージ　18目23段

＊表示の内容は2019年11月現在。
＊針は標準棒針の号数で、ゲージはメリヤス編みの標準ゲージ（10cm角）。
＊糸に関するお問い合わせ先は巻末ページを参照してください。

風工房

ニットデザイナー。武蔵野美術大学で舞台美術を学ぶ。独学で編み物を習得し、20代のころより雑誌や書籍などで作品を発表。棒針編みからレース編みまで技法を問わず、国内外で活躍。洗練されたデザインや配色の美しさに定評がある。近著『上から編むニット、横から編むニット』（文化出版局）、『風工房の定番ニット』『風工房のフェアアイル・ニッティング』（ともに日本ヴォーグ社）をはじめ、著書多数。

Staff

ブックデザイン／平木千草
撮影／加藤新作　有馬貴子（本社写真編集室）
スタイリング／石井あすか
ヘアメイク／吉川陽子
モデル／サクラ　マヤ　ミチキ
編み方解説／外川加代・丸尾利美・水口あきこ
トレース／安藤デザイン
校閲／滄流社
編集／山地 翠

◎素材・用具提供

株式会社ダイドーフォワード　パピー事業部
http://www.puppyarn.com/

ディー・エム・シー株式会社
https://www.dmc.com

ハマナカ株式会社
　ハマナカ　hamanaka.co.jp　　リッチモア　richmore.jp

横田株式会社・DARUMA
http://www.daruma-ito.co.jp

クロバー株式会社
https://clover.co.jp

◎撮影協力

TICCA ☎ 076-221-5355
　P.4コート、P.7パンツ、P.14-15ワンピース、P.18コート、
　P.26ワンピース・ニット、P.29ワンピース

babaco info@babaco.jp
　P.12ワンピース・ニット、P.14-15タートルスーツ、
　P.24タートルワンピース、P.29ニット

フォーティファイブアールビーエムスタジオ（45R）　☎ 0800-800-9945
　P.4・P.7・P.8-9・P.19シャツ、P.4・P.8・P.16-17デニムパンツ、
　P.13タートルネックセーター、P.19カーディガン、
　P.23・28パンツ、P.25コート

フラッパーズ ☎ 03-5456-6866
　P.20-21トップス、P.24ニットワンピース（ともにenrica）

メイデン・カンパニー　☎ 03-5410-9777
　P.7・P.8-9・P.23・P.25ニット（アンデルセン-アンデルセン）、
　P.8・23ベルト（トリー レザー）、
　P.10ジャケット・パンツ、P.13コート（ともにレーンフォーティーファイブ）、
　P.10・P.18・P.23・P.25・P.27シャツ（インディビジュアライズド シャツ）、
　P.25・P.27パンツ（エリック ハンター）

風工房のニット小物

著　者　風工房
編集人　石田由美
発行人　倉次辰男

発行所　株式会社 主婦と生活社
　　　　〒 104-8357　東京都中央区京橋 3-5-7
　　　　編集部 ☎ 03-3563-5361　FAX. 03-3563-0528
　　　　販売部 ☎ 03-3563-5121
　　　　生産部 ☎ 03-3563-5125
　　　　http://www.shufu.co.jp/
製版所　東京カラーフォト・プロセス株式会社
印刷所　太陽印刷工業株式会社
製本所　共同製本株式会社

ISBN978-4-391-15400-9
©Kazekobo　2019　Printed in Japan